BEI GRIN MACHT SICH IHR WISSEN BEZAHLT

AF150950

- Wir veröffentlichen Ihre Hausarbeit, Bachelor- und Masterarbeit

- Ihr eigenes eBook und Buch - weltweit in allen wichtigen Shops

- Verdienen Sie an jedem Verkauf

Jetzt bei www.GRIN.com hochladen und kostenlos publizieren

GRIN ☺

Philipp Schnell

Franz Josef Strauss - populistische Züge eines Politikers

GRIN Verlag

Bibliografische Information der Deutschen Nationalbibliothek:

Die Deutsche Bibliothek verzeichnet diese Publikation in der Deutschen National-
bibliografie; detaillierte bibliografische Daten sind im Internet über http://dnb.d-
nb.de/ abrufbar.

Impressum:

Copyright © 2012 GRIN Verlag GmbH
Druck und Bindung: Books on Demand GmbH, Norderstedt Germany
ISBN: 978-3-656-29731-4

Dieses Buch bei GRIN:

http://www.grin.com/de/e-book/203491/franz-josef-strauss-populistische-zuege-
eines-politikers

GRIN - Your knowledge has value

Der GRIN Verlag publiziert seit 1998 wissenschaftliche Arbeiten von Studenten, Hochschullehrern und anderen Akademikern als eBook und gedrucktes Buch. Die Verlagswebsite www.grin.com ist die ideale Plattform zur Veröffentlichung von Hausarbeiten, Abschlussarbeiten, wissenschaftlichen Aufsätzen, Dissertationen und Fachbüchern.

Besuchen Sie uns im Internet:

http://www.grin.com/

http://www.facebook.com/grincom

http://www.twitter.com/grin_com

Finsterwalder-Gymnasium Rosenheim

Abiturjahrgang

2012

S E M I N A R A R B E I T

Rahmenthema des Wissenschaftspropädeutischen Seminars:

Politischer Populismus

Thema der Arbeit:

Franz Josef Strauß – populistische Züge eines Politikers

Verfasser:

Philipp Schnell

Abgabetermin: *8. November 2011*

Bewertung	Note	Notenstufe in Worten	Punkte		Punkte
schriftliche Arbeit				x 3	
Abschlusspräsentation				x 1	
				Summe:	
		Gesamtleistung nach § 61 (7) GSO = Summe:2 (gerundet)			

Datum und Unterschrift der Kursleiterin

Inhaltsverzeichnis

Eidesstattliche Erklärung

Hiermit versichere ich, dass ich die Hausarbeit selbstständig verfasst und keine anderen als die angegebenen Quellen und Hilfsmittel benutzt habe, alle Ausführungen, die anderen Schriften wörtlich oder sinngemäß entnommen wurden, kenntlich gemacht sind und die Arbeit in gleicher oder ähnlicher Fassung noch nicht Bestandteil einer Studien- oder Prüfungsleistung war.

_____

Unterschrift des Verfassers

1.   Einführung in die Problematik

Ein gewisser Begriff

Ich bin auf dieser Welt als Franz Josef Strauß ein gewisser Begriff.

Abb.[1]

„Ich bin auf dieser Welt als Franz Josef Strauß ein gewisser Begriff"[2], dieser Untertitel einer Karikatur des bekannten Strauß-Zeichners Dieter Hanitzsch bringt die Problematik des politischen Populismus auf den Punkt. Strauß sitzt symbolisch auf einem Globus, dabei hält er die Augen geschlossen. Seine Körperhaltung in dieser Karikatur spiegelt sein Selbstverständnis und seine „weltpolitischen" Ambitionen wider.

Das Ziel eines jeden Politikers ist es berühmt, populär und vor allem gewählt zu werden. Doch wie erreicht man diese Eigenschaften? Wie wird man mit Populismus zu einem „gewissen Begriff"? Dieser Frage versuche ich im Folgenden nachzugehen.

1.1 Politischer Populismus als Rahmenthema im W-Seminar Kurs Sozialkunde und persönliche Themafindung

Der W-Seminar Kurs Sozialkunde „Politischer Populismus" versuchte exemplarisch an der Person Silvio Berlusconi dieser Frage nachzugehen. Grundlagen bilden verschiedenste Arbeitsmethoden, die für das wissenschaftliche Arbeiten unerlässlich sind. Die Analyse von Quellen wie z.B. Zeitungsartikeln, Filmen, Interviews und anderen Medien, die Reflexion aktueller politischer Ereignisse sowie das Diskutieren und Argumentieren eigener Standpunkte anhand hochbrisanter Themen waren curriculare Hauptbestandteile des Kurses. Um der Frage nach dem Begriff „Populismus" anhand einer ausgewählten politischen Person nachgehen zu können,

---

[1] Hanitzsch, Dieter: ICH, Franz Josef, „ein gewisser Begriff" : Süddeutscher Verlag, München 1978, S.120
[2] Ebd.

4

ist es also erforderlich, neben der Vita vor allem auch die Zeitepoche, in der der Politiker gewirkt hat, zu beleuchten und in den richtigen Blickwinkel zu seiner politischen Arbeit zu bringen. Dazu gehören gesellschaftliche, wirtschaftsstrukturelle und politische Entwicklungen, die das Leben der Bevölkerung bestimmen. Darüber hinaus gehört die Kenntnis des jeweiligen politischen Systems, in dem der Politiker wirkt, zu den Voraussetzungen. Denn Grundlage der Betrachtung sind die zwei verschiedenen Perspektiven: Auf der einen Seite hat man den biographischen Ansatz, der Lebenswandel, mögliche Skandale und Medienpräsenz des Politikers beinhaltet, auf der anderen Seite ist der fachwissenschaftliche, politologische Ansatz, der politische Leistungen und das Erreichen von Zielen beschreibt.

Franz Josef Strauß ist einer der einflussreichsten und zugleich in hohem Maß polarisierenden Politiker der deutschen Nachkriegszeit. In seiner Person vereinen sich geschichtliche Tradition und humanistische Bildung, moderner Fortschrittsglaube und ein rhetorisches Ausnahmetalent. Bis zum heutigen Tag ist Strauß Objekt des politischen Humors geblieben. Mein politisches Interesse war der Grund dafür, mich mit dem Politiker auseinanderzusetzen. Im Zentrum der Arbeit soll die Abwägung stehen, ob an der politischen Arbeit und Persönlichkeit von Franz Josef Strauß ein Hang zum Populismus feststellbar ist.

1.2 Politischer Populismus- Begriffsdefinitionen

Das Wort Populismus leitet sich von dem lateinischen Wort „populus", das Volk, ab. Das Brockhaus Lexikon definiert politischen Populismus als:

> „eine Politik, die sich volksnah gibt, die Emotionen, Vorurteile und Ängste der Bevölkerung für eigene Zwecke nutzt und vermeintlich einfache und klare Lösungen für politische Probleme anbietet."[3]

Man stellt sehr schnell fest, dass diese Definition nicht ausreichend ist. Aufgrund von verschiedensten Arten, Ausprägungen, Intensität und Eindeutigkeit dieses Phänomens in der Politik muss für jedes Land, jede Staatsform und jeden Populisten eigens eine Definition erarbeitet werden. So ist das Erscheinungsbild des politischen Populismus in einer von Ideologie geprägten Diktatur, wie z.B. in Kuba unter Fidel Castro ein völlig anderes als in einer Demokratie, wie z.B.in Italien unter Berlusconi. Während in einer Diktatur von Anfang an jegliche Opposition und Meinungsvielfalt durch die Parteidoktrin ersetzt wird, ist es das Bestreben eines „demokratischen Populisten" das politische System mit Hilfe der Volksgunst nach seinen Zwecken zu manipulieren. Um diese Gunst des Wählervolkes zu gewinnen, greift er Missstände auf, bedient sich inhaltsloser Scheinlösungen und attackiert Minderheiten und politische Gegner. So bildeten die Schwächen der Demokratie und des Parteiensystems gepaart mit den Ängsten der Bevölkerung in wirtschaftlichen und politischen Krisenjahren, aber auch außenpolitische Bedrohungen in der Geschichte schon immer den Nährboden für politische Demagogen.

---

[3] http://www.brainworker.ch/Politik/populismus.htm (Stand: 01.09.2011)

„Als Populist wird ein Politiker bezeichnet, der mit populären Schlagworten und vagen Versprechungen, durch Vereinfachungen, Pauschalisierungen und Emotionalisierung um die Gunst des Wählers buhlt. Populisten richten sich an den Mainstream, appellieren an niedere Instinkte und bedienen Vorurteile, anstatt die in Wirklichkeit komplexeren Probleme realistisch darzustellen. Sie zeichnen teils ein verzerrtes Bild der Wirklichkeit und offerieren häufig Sündenböcke. Ein Markenzeichen sind einfache, kontroverse Slogans."[4]

Dieser Zusatz macht die Problematik bzw. die Thematik ein Stück verständlicher. Thema und gleichzeitig Ergebnis meiner Arbeit sollen nun sein, Züge des politischen Populismus am Beispiel Franz Josef Strauß aufzuzeigen oder zu entkräften.

2. Populistische Züge des Politikers Franz Josef Strauß in Stationen seiner politischen Karriere

Populismus entwickelt sich im Laufe eines Politikerlebens, er ist nicht von Anbeginn einfach vorhanden, deswegen muss vor allem auf die prägende Herkunft bzw. Familienverhältnisse eingegangen werden, damit bestimmte Zusammenhänge gut verständlich sind.

2.1 F.J. Strauß als Kommunalpolitiker von 1945 bis 1949 - erste prägende Einflüsse seiner politischen Strategie

Franz Josef Strauß wurde am 6. September 1915 als Sohn eines Metzgermeisters in München geboren. Er erhält den Vornamen seines Vaters Franz Josef sen., die späteren Angriffe seiner politischen Gegner, Strauß habe sich den Doppelnamen aus kosmetischen Gründen hinzufügen lassen, sind damit widerlegt. Er wuchs im kleinbürgerlichen Milieu der Schwabinger Schellingstraße auf und genoss in enger familiärer Geborgenheit eher streng gläubige Erziehung.

„(...) Der überragende Fixpunkt im Leben der Familie Strauß ist nämlich ihr Glaube und die Autorität der katholischen Kirche."[5] Strauß schreibt über seine Eltern in seinem Buch: „Trotz aller Einschränkung und Sparsamkeit, (...) haben sie sich rührend um uns Kinder bemüht und uns eine gute Ausbildung zukommen lassen."[6]

Das Gehalt der Schwester sollte bald die Fortführung des elterlichen Betriebs sowie die akademische Ausbildung des Bruders sichern. Im Kreis der Familie war die kritische Diskussion zu gesellschaftlichen und politischen Ereignissen selbstverständlich. Strauß faszinierten auf der weiterführenden Schule vor allem die Fächer Latein, Geschichte und Griechisch. Seine Erziehung beschreibt er als katholisch, monarchistisch und antipreußisch in seinen Erinnerungen.[7] Seine Familie stand dem Hitlerregime von Anfang an mit großer Abscheu gegenüber. Dazu trug auch die Tatsache bei, dass Hitlers Hauptquartier ausgerechnet gegenüber angesiedelt war, sodass der junge Strauß schon früh mit den Nationalsozialisten konfrontiert wurde.

---

[4] Aktuna, Orkuni: Über den Rechtspopulismus in Österreich und Italien, eine kritische Analyse. GRIN Verlag; Norderstedt 2008; S.8
[5] Siebenmorgen, Peter: Franz Josef Strauß (1915-1988),in: Oppelland, Torsten (Hg.): Deutsche Politiker 1949-1969.Band 2: 16 biographische Skizzen aus Ost und West. Darmstadt 1999, S.120-131
[6] Strauß, Franz Josef: Die Erinnerungen. Siedler Verlag, Berlin 1989, S. 15f.
[7] Vgl. Ebd. S. 25

„Für ihn blieben die Nazi-Führer Zeit seines Lebens diese ‚seltsamen Gestalten von Gegenüber' (…), die Männer (…), bei deren Eintreten in den Metzgerladen die Stimmung schlagartig änderte."[8]

1935 erhielt Franz Josef Strauß das beste Zeugnis für die Allgemeine Hochschulreife seines Jahrgangs. Er begann auf der Ludwig-Maximilians-Universität Alte Sprachen, Geschichte und Germanistik für das höhere Lehramt zu studieren. Während sich die Nazis auf der Universität mit „Heil Hitler" begrüßten, genügte Strauß und einige andere ein „Grüß Gott". In der NS-Zeit zeigten sich schon früh sein politisches Verständnis und sein kämpferische Einstellung gegen den Nationalsozialismus, aber ein Widerstandskämpfer wurde er nicht. Strauß wirkte nach dem abgeschlossenen Studium als Lehrer und Offizier.

> „Strauß widersetzte sich nicht nur der SS, er befolgte auch nicht die irrsinnigen Befehle, (…). Als beispielsweise die Bergwerke in der Nähe von Schongau gesprengt werden sollten, sorgte er zusammen mit anderen Offizieren dafür, dass dieser Befehl nicht ausgeführt wurde."[9] Damit war die Brennstoffversorgung in den Nachkriegsjahren in Schongau gesichert.[10]

Schon hier fällt auf: Franz Josef Strauß zögerte niemals, Regeln, Vorschriften ja sogar Gesetze zu missachten und zu brechen, wenn die Chance bestand, durch aktiven Pragmatismus Leben zu retten oder zumindest für ein besseres Leben zu garantieren. Meines Erachtens sind diese Risikobereitschaft, Strauß` Durchsetzungsvermögen zum Wohle der Bevölkerung keineswegs populistische Eigenschaften. Sein Wissen und seine Fähigkeiten mit Scharfsinn einzusetzen, war sein Weg ebenso seine Courage selbstständige Urteile bzw. Meinungen öffentlich zu vertreten. Er ignorierte die NS-Propaganda völlig mit der Begründung, er sei nicht bereit sich unterzuordnen.[11] Dazu gesellen sich nach Stefan Finger bei Strauß: neben

> „(…)der Neigung zu feuchtfröhlicher Geselligkeit und der tief verwurzelten Urangst vor Revolution, Chaos, Umsturz und Krieg *erstens* die mangelnde Fähigkeit, sich in bestehende Hierarchien und Systeme ein- bzw. unterzuordnen, *zweitens* die nicht vorhandene Bereitschaft, die eigene Meinung zu verbergen, *drittens* die fest verinnerlichte Überzeugung, in fast jeder Lebenslage schlauer und weitsichtiger als alle anderen geurteilt und immer mit allen Einschätzungen recht behalten zu haben und *viertens* die unbedingte Entschlossenheit, die Grenzen des Erlaubten und Legalen zu überschreiten, wenn vorrangige legitime Ziele auf andere Weise nicht zu erreichen sind."[12]

Diese hier so prägnant beschriebenen Eigenschaften sollten ihn zu einem der herausragenden Politiker seiner Zeit werden lassen und ihm schließlich doch zum Verhängnis werden.

---

[8] Vgl. Biermann, Werner: Strauß, Aufstieg einer Familie. Rowohlt Verlag. Hamburg 2008, S.27
[9] Stefan Finger: Franz Josef Strauß. München: Olzog, 2005, S. 39
[10] Vgl. Dalberg, Thomas: Franz Josef Strauß. Portrait eines Politikers. Gütersloh 1968, S.38
[11] Stefan Finger: a.a.O., S.37
[12] Ebd. S.41ff.

„Der totale Krieg hat zu einer totalen Niederlage geführt. Franz Strauß zog aus diesem Erfahrungen eine ebenso schlichte wie ergreifende Konsequenz, die ihm zum Lebensmotto werden sollte: Ich kenne den Krieg. Deshalb will ich den Frieden."[13] Strauß ging aus dem Zweiten Weltkrieg und der nationalsozialistischen Diktatur im Bewusstsein seiner inneren Distanz zu Hitler, seiner christlichen Erziehung und humanistischen Bildung ohne Schuldgefühl hervor.

„Ein Widerstandskämpfer im eigentlichen Sinn war er nicht, aber er zeigte während des Krieges Charaktereigenschaften wie Anstand, Hilfsbereitschaft und Mut."[14] Strauß hat sich im Jahre 1945 gefragt: „Wie sollen wir mit dem Wiederaufbau der größten Trümmerlandschaft der Weltgeschichte- materiell und geistig gesehen- fertig werden? Mit meinem Wirken als Politiker wollte ich dazu beitragen, diese Frage positiv zu beantworten."[15]

Strauß nutzte zunächst die amerikanische Gefangenschaft in Schongau, indem er mit dem amerikanischen Militär kooperierte, Erfahrungsberichte über die Luftabwehrtaktik der russischen Luftwaffe niederschrieb und es einem gut deutschsprechenden Offizier übergab. Die Luftabwehrerfahrung hatte er an der russischen Front wenige Jahre zuvor gesammelt. Natürlich wurde diese Hilfe entlohnt, er kam sogar nach wenigen Wochen frei und erhielt ein hervorragendes Empfehlungsschreiben. Wichtig für Strauß war auch: „ (…) er konnte daraus schließen, dass die Amerikaner einen militärischen Konflikt mit der Sowjetunion zu einem späteren Zeitpunkt nicht mehr völlig ausschlossen."[16] Damals verfestigte sich ein weiteres Lebensthema: der „Kalte Krieg". Dieses Empfehlungsschreiben katapultierte ihn zum Stellvertretenden Landrat in Schongau. Mit der Integration und Versorgung der geflüchteten, entwurzelten und verletzten Menschen sowie der Verhinderung des steigenden gesellschaftlichen Elends sah sich Strauß konfrontiert. Hier nutzte eine starke Persönlichkeit die Regeln des Schwarzmarktes und die Bedingungen eines staatlichen Machtvakuums zur Durchsetzung seiner Ziele.[17] So reagierte Strauß auf die Auflösung eines Lagers heimatloser Polen mit der Durchsetzung einer zivilen Schongauer Stadtpolizei.[18]

„Ich habe damals, zum Wohle der Bürger meines Landkreises, so viel gestohlen und geschoben, dass ich aus dem Gefängnis nicht mehr herausgekommen wäre, wenn es nach Recht und Gesetz gegangen wäre."[19] „Nicht das Amt verlieh seiner Persönlichkeit die nötige Autorität, sondern seine Persönlichkeit verlieh sie dem Amt."[20] Eine treffendere Aussage zu seiner politischen Arbeit kann nicht getroffen werden, was im Laufe seiner Karriereleiter noch deutlicher wird. Er hat ein gutes Gespür für die Stimmung der Leute, ihre Ängste und Sorgen, aber er offeriert keine Scheinlösung sondern hilft wirklich. Als Abgesandter des Volkes spricht Franz Josef Strauß und ist gleichzeitig Obrigkeit.[21] Strauß` erste politische Rede findet im Herbst

---

[13] Ebd. S.42
[14] Biermann, Werner: a.a.O.; S.52
[15] Strauß, Franz Josef: Die Erinnerungen. Berlin: Siedler, 1989, S.60
[16] Stefan Finger: a.a.O., S.46
[17] Biermann, Werner: a.a.O., S.62
[18] Ebd.
[19] Stefan Finger: a.a.O., 2005, S.50
[20] Ebd. S.51
[21] Biermann, Werner: a.a.O., S.63

1945 vor einer Bauernversammlung zum Anlass der Gründung der Christlich-Sozialen Union. Strauß wurde anschließend zum stellvertretenden Vorsitzenden des CSU-Ortsverbandes in Schongau gewählt.[22] Er lernte in diesen Jahren des ersten politischen Engagements den Münchner Josef Müller kennen, der sich schon bald als Mentor der straußschen Karriere und als einer der wenigen engen Freunde erweisen sollte.

Früh wird Strauß Mitglied des geschäftsführenden Vorstandes der CSU und 1948 Mitglied im Frankfurter Wirtschaftsrat. Strauß gab sich in dieser Zeit als volksnaher Nachkriegsheld, der zum Wohle des Volkes die amerikanischen Besatzer überlistet und seine Ziele mit einfachen, pragmatischen Mitteln durchsetzt. Vom Populismus des Franz Josef Strauß kann in der frühen Phase seiner politischen Karriere keine Rede sein, eher von pragmatischem Aktionismus in einer Zeit des Umbruchs.

Parallel zum Erstarken der neugegründeten CSU entwickelte sich der schnelle Aufstieg des Franz Josef Strauß. Er zählte als ein moderner, progressiver und undogmatischer Politiker eher zum linken und liberalen Flügel der CSU.[23] 1949 entschied er sich mit seiner Kandidatur zum Abgeordneten für den ersten Deutschen Bundestag endgültig für eine politische Karriere. Bereits als Mitglied des Frankfurter Wirtschaftsrates profiliert sich Strauß als zuverlässiger Repräsentant bayerischer Interessen, aber auch als unbedingter Anhänger der Adenauer'schen Westintegration und der Sozialen Marktwirtschaft im Sinne Ludwig Erhards. Gegen beträchtliche Teile seiner Partei befürwortete Strauß die Annahme des Grundgesetzes und das partnerschaftliche Zusammengehen von CDU und CSU. [24]

Populistische Züge lassen sich schon bei seinen ersten Reden herausfiltern, deren Wirkung Volksfestcharakter hatte. Strauß spricht nicht nur Tabu-Themen an, erläutert und analysiert – meist ohne Skrupel und Respekt - gesellschaftliche Missstände bzw. Probleme, an die sich andere Politiker kaum heranwagen. So nennt er das deutsche Volk „erbärmlich", welches die Welt erst mit Füßen zertrampelt und anschließend „den Staub von den Schuhen der Sieger" schlecke.[25] Doch seine Zuhörer wussten auch um den ungeheuren Fleiß und die rasche Auffassungsgabe des CSU-Politikers. In dieser Zeit verstärkt sich auch seine Auffassung, von einer Zweiteilung der Welt in eine demokratische unter der Führung der Vereinigten Staaten von Amerika und in eine kommunistische, sowjetrussische Dominanz. Ein wiedererstarktes Deutschland sollte– so seine Vision- seinen Platz in der westlichen Welt finden.

Im Frankfurter Wirtschaftsrat[26] kam Strauß nun in Berührung mit der „nationalen Politik und geriet damit auch in Kontakt mit Konrad Adenauer. Franz Josef Strauß sagte später über Konrad Adenauer:

---

[22] Ebd. S.52
[23] Vgl. Bell, Wolf J.: CSU-Chef fühlt sich als Mahner und Warner bestätigt, in: General-Anzeiger vom 11.02.1976; Möller, Horst: Franz Josef Strauß. 1915-1988,in: Gall, Lothar (Hg.): Die großen Deutschen unserer Epoche. Frankfurt am Main, Berlin 1995, S.535-537
[24] Vgl. http://www.spiegel.de/lexikon/65406812.html(Stand:26.09.2011)
[25] Vgl. Finger, Stefan: a.a.O., S.58
[26] Der Frankfurter Wirtschaftsrat fungierte als eine Art Volksvertretung mit eingeschränkten Rechten.

„Adenauer imponiert mir schon durch sein souveränes, selbstbewusstes Auftreten. Er strahlt Persönlichkeit, Charakterstärke und Führungskraft aus, und er vermochte, im Großen wie im Kleinen, kraftvoll mit dem politischen Handwerkszeug umzugehen."[27] Strauß war dort schon bekannt als streitlustiger, energischer und durchsetzungsfähiger Politiker, der aufgrund umfassender theoretischer Kenntnisse und fleißigem Aktenstudium auf Landwirtschafts- und Wirtschaftsfragen keine Antwort schuldig blieb. Strauß kämpfte ununterbrochen an der Seite von Ludwig Erhard gegen staats- und planwirtschaftliche Alternativkonzepte und setzte sich durch. Parallel arbeitete er am Wahlkampf für die Landtagswahlen in Schongau, bei denen er erneut am 5. Juni 1948 zum Landrat gewählt wurde.

2.2 F.J. Strauß als Bundespolitiker von 1949 bis 1980 – Populistischen Züge in seiner Karriere als...

2.2.1 Bundestagsabgeordneter im 1. Bundestag und als Minister für besondere Aufgaben

Im ersten Bundestagswahlkampf [28] trat Franz Josef Strauß erneut als CSU-Kandidat in Schongau an und organisierte nebenbei den Bundestagswahlkampf:

> „Morgens habe ich die Broschüren geschrieben und mittags den Rednerdienst bearbeitet, nachmittags die Plakate entworfen, abends in Wahlversammlungen gesprochen, und nachts mit den Leuten beim Bier zusammengesessen.(...)" [29]

Man kann seine erstaunliche Arbeitshaltung erkennen, Franz Josef Strauß erarbeitet sich alles aus eigner Hand, er ist vielseitig begabt und nimmt die Dinge selbst in die Hand, vergisst in dieser Zeit niemals seine kleinbürgerliche Herkunft. Franz Josef Strauß sitzt nun im ersten Bundestag der BRD und zwar als Fraktionsvize der CDU/CSU. Der aufstrebende Politiker betätigte sich auch als Redakteur und Herausgeber des „Bayernkurier".[30] Franz Josef Strauß gab sich anfangs noch eher zurückhaltend, bald wurde man auf sein rhetorisches Talent aufmerksam. Seine kraftvolle und schnelle Vortragsweise brachte manchen Stenographen ins Schwitzen und seine humorvollen Beiträge und Wortspiele sorgten nicht selten für frischen Wind in ermüdende Debatten.[31]

> „Wenn ich dem Kollegen Fink [von der Bayernpartei] noch etwas erwidern darf, so möchte ich sagen, dass mir bei seiner Rede ein Stein vom Herzen gefallen ist. Es ist zwar nicht gut, Herr Kollege Fink, dass sie in ihrer Rede den Kater Heidigigi erwähnt haben, denn wir vermuten mit Unrecht, dass mit dem Kater Heidigigi unser Fraktionskollege [Linus Kater] gemeint ist. Es ist aber für einen Finken nicht gut, mit einem Kater anzubinden. (Große Heiterkeit) Wenn das überhaupt für einen Vogel möglich ist, dann muss er mindestens die Ausmaße eines Straußes haben."[32]

Nach dieser Rede tobte der Plenarsaal in Bonn vor Heiterkeit und Gelächter.

In diesen Jahren begannen Politiker wie Strauß, Wehner oder Brandt aufgrund ihrer rhetorischen Fähigkeiten sich die Gunst des Wählervolkes zu sichern. Strauß fühlte

---

[27] Strauß, Franz Josef: Die Erinnerungen. Berlin 1998, S.127
[28] Siehe zu Wahlkampf auch 2.5.4
[29] Finger, Stefan: a.a.O.; S.74
[30] Siehe dazu 2.5.2
[31] Vgl. CDU/CSU-Bundestagsfraktion: 310. Fraktionssitzung vom 13.Mai 1952, in: Heidemeyer, Helge : Die CDU/CSU-Fraktion im Deutschen Bundestag. Sitzungsprotokolle 1949-53. Düsseldorf 1998, S552-556, S.553
[32] Wienand, Peter; Wirbelauer, Michael (Hg.): Lachen links, Heiterkeit rechts. Vergnügliches aus dem Bundestag. Düsseldorf 1974, S.23. In den stenographischen Berichten der 124. Sitzung des Bundestages vom 8. März 19951 ist abweichend vom „Kater Hidigeigei", einer Figur aus Joseph Victor von Schoeffels „ Trompeter von Säckingen", die Rede.

sich also für Höheres berufen, denn er beherrschte schon damals zwei rhetorische Archetypen: Auf der einen Seite die geschliffene, schlagfertige, meist sehr bildhafte, wie wir oben gesehen haben, nach klassischen Vorbildern, wie Cicero, aufgebaute Reden vor dem Parlament oder vor Fachgremien der Parteien und der Wirtschaft, auf der anderen Seite die nicht weniger sensationell ausgefeilten Volksreden mit Unterhaltungscharakter, bei denen es an drastischen Vergleichen, Analysen, polemischen Ausfällen, bayerisch-barocken Kraftworten und humorvollen Abschweifungen nicht fehlte.[33] Diese Fertigkeiten brachten ihm schnell große Bewunderung und Respekt von Seiten seiner politischen Freunde und Kollegen und ließen Strauß in den Augen seiner politischen Gegner schon früh als gefährlichen, populistischen, aufgrund seiner Intelligenz, wortgewandten und schlagfertigen Feind erscheinen. Franz Josef Strauß war immer wieder zur Zielscheibe für Angriffe der sozialdemokratischen Polemik geworden, es entstand auch eine Anti-Strauß-Welle. „Schwert der Union"[34] wurde er von der Presse genannt und das nicht ohne Grund. Seine überzeugenden und langen Reden in Bundestagsdebatten hatten ihm schließlich für das Amt des Bundesministers empfohlen. 1953 kam es zur Wiederwahl Adenauers, der der Dynamik dieses jungen Mannes, der im Unterschied zu den meisten anderen Minister über eine eigene Hausmacht verfügte, nichts mehr entgegenzusetzen hatte.[35] Strauß hatte dem Bundeskanzler gegenüber weder Scheu noch Respekt gezeigt, als er Adenauer öffentlich während seiner Antrittsrede in der Fraktion des zweiten Bundestags bloßstellt. Adenauer beginnt mit den Worten:

„Meine Damen und Herren, Fraktion kommt von ‚fractio', Zusammenführung (…)"[36]. Da erlaubt sich Strauß den Herrn Bundeskanzler zu unterbrechen und ihn vor allen Abgeordneten zu berichtigen: „ ‚Was sie über die Herkunft des Wortes Fraktion gesagt haben, war falsch, Herr Bundeskanzler. Fraktion kommt von frangere, frango, fregi, fractum, und heißt Brechung, nämlich eine Einteilung des Parlaments in verschiedene Gruppen. Das ist Fraktion. ' Adenauers Antwort hätte souveräner und gelassener nicht sein können: ‚Herr Strauß, det hat außer ihnen ohnehin keiner jemerkt! '"[37]

Strauß unternimmt diese Berichtigung möglicherweise aus vier Gründen: Erstens ist er ein begnadeter Lateiner und berichtigt diese genannte Definition, zweitens sucht Strauß die Aufmerksamkeit innerhalb der Fraktion, drittens macht er klar, er bestreitet die Kompetenz des Bundeskanzlers und beginnt sich zu profilieren und viertens lockt Strauß Adenauer aus der Reserve, denn Strauß wusste genau, trotz aller Gelassenheit, brodelte es in ihm. Aber hier von politischem Populismus zu sprechen, wäre unrichtig. Hier handelt es sich eher um einen jungen Abgeordneten, der in hohem Maße von seiner eigenen Respektlosigkeit beseelt ist, ohne die Wirkung zu sehen. Er handelt instinktiv und nicht populistisch.
Im März 1953 unternimmt Franz Josef Strauß mit einer Bundestagsdelegation erstmals eine Reise in die USA, um dort auszuloten, welche Rolle Deutschland im Rahmen der amerikanischen Weltstrategie spielen könne. Er gibt sich staatsmännisch auf ausländischen Boden und wirkt populistisch.

[33]Vgl. Dalberg, Thomas: a.a.O., S.63
[34] Henzler, Christoph: Fritz Schäfer 1945-1967. Eine biographische Studie zum ersten bayerischen Nachkriegs-Ministerpräsidenten und erste Finanzminister der Bundesrepublik Deutschland. München 1994, S. 179.
[35] Finger Stefan: a.a.O., S.104
[36] Strauß, Franz Josef: Die Erinnerungen. Berlin 1998, S.229
[37] Ebd., S.230

Mit der Berufung zum Bundesminister für besondere Aufgaben durch Konrad Adenauer 1953 übernimmt dann Franz Josef Strauß erstmals Verantwortung als Kabinettsmitglied.[38] Doch wird er bald der Inhaltsleere seines Sonderministeriums gewahr. Die Aufgaben des Sonderministers betrafen die Beschäftigung mit auswärtigen und sicherheitspolitischen Belangen, Bemühungen um gute Verbindungen zu den wichtigsten Industriefamilien Deutschlands und die Kontaktaufnahme mit den Regierungen der europäischen Nachbarländer. In dieser Zeit erschuf Strauß sich ein internationales, gutfunktionierendes soziales Netzwerk, was ihm auf seinen weiteren politischen Weg noch von Nutzen sein sollte.

2.2.2 Atomminister von 1955 bis 1956 und als Bundesverteidigungsminister 1956 bis 1962

Tief frustriert legte Franz Josef Strauß sein Amt als Bundesminister für besondere Aufgaben nieder, mit der Begründung „(…)wenn ich nicht bald eine Aufgabe bekomme, die wirklich meinen politischen Fähigkeiten und Neigungen entspricht, soll ein anderer den Sonderminister machen!"[39] Adenauer ernannte Strauß darauf zum Atomminister, aber nicht ohne Hintergedanken, sollte dieser ihm mittels seiner kraftvollen Rhetorik zur Durchsetzung seiner Atompläne verhelfen. Strauß arbeitete sich innerhalb weniger Wochen in die Problematik der Kernenergie ein.

> „Als er wenig später einen Vortrag zum Thema ‚Atom-Drohung oder Verheißung' hielt, zeigte sich Nobelpreisträger Professor Dr. Otto Hahn höchst beeindruckt: ‚Es gab Augenblicke, in denen ich im Zweifel war, wer mehr Physik studiert hatte- er oder ich."[40]

Strauß forcierte keine hastigen Entscheidungen, so Biermann, sondern ein langfristig durchdachtes Programm. Er gibt der Forschung und Ausbildung, dem Aufbau eigener Kräfte und eigenen Know-how den Vorrang.[41] Schon damals beschäftigte er sich intensiv und eingehend mit der Problematik der Lagerung und Wiederaufbereitung von abgebrannten Brennelementen.

Seine Augen waren jedoch immer mehr auf das Amt des Bundesverteidigungsministers gerichtet. Verteidigungsminister Theodor Blank war mit dem Aufbau der Bundeswehr offensichtlich überfordert, von Seiten der Alliierten und der neugegründeten NATO hagelt es harsche Kritik.[42] Strauß fordert wiederholt die Absetzung des Verteidigungsministers Blank und seine eigene Ernennung. Adenauer zögert, schließlich sieht er sich gezwungen Strauß an Blanks Stelle zu berufen. Im kleinen Kreis beklagt Adenauer: „Man kann Strauß immer höchstens für ein paar Wochen in Ordnung bringen, dann gibt es wieder Schwierigkeiten."[43] Als Atomminister legte Strauß die Grundlagen für den Aufbau der gesamten deutschen Atomwirtschaft und hinterließ zukunftsorientierte Projekte und Planungen. Auch im Bundesverteidigungsministerium arbeitete Strauß mit

---

[38] Vgl. http://www.fjs.de/der-politiker/bundestagsabgeordneter.html(Stand:10.09.2011)
[39] Vgl. Stücklen, Richard: Mit Humor und Augenmaß. Geschichten, Anekdoten und eine Enthüllung. 2.Auflage, Forchheim 2001, S.216
[40] Finger, Stefan: a.a.O., S. 119
[41] Biermann, Werner: a.a.O.,S.104
[42] Ebd. S.104ff
[43] Biermann, Werner: a.a.O., S.100

„unvorstellbarer Leidenschaft und Arbeitskraft"[44] an der Straffung der Führungs- und Organisationsstruktur der Armee, Anpassung der Verwaltung an militärischen Erfordernissen, Verbesserung der Qualität der Ausrüstung und der Ausbildung. Stefan Finger zitiert die Aussage von General Schmückle:

> „(...) Mit Strauß konnte man durchaus und anregend debattieren. Hatte jemand stichhaltige Argumente, dann ließ er sich überzeugen. Allerdings erst dann, wenn man seine bohrenden Fragen hatte sachkundig beantworten können. (...) Wer zu ihm ging musste also gut vorbereitet sein und wissen, dass er einem Minister gegenübertritt, bei dem sich große Sachkenntnis mit einem phänomenalen Gedächtnis verbindet. (...) Zudem habe ich niemand (...) erlebt, der wie er andere Menschen – so differenziert – den Grad seines Wohlwollens oder seiner Abneigung spüren ließ. (...)." Weiter meint Schmückle, für Untergebene sei Strauß ein anspruchsvoller, aber enorm großzügiger Vorgesetzter gewesen."[45]

Adenauer hielt Strauß' Umgang mit Spitzenbeamten und Generälen für skandalös.[46] Auch als Verteidigungsminister zögerte Franz Josef Strauß nicht, die Grenzen der Legalität zu überschreiten, wenn es galt, legitime Ziele zu verfolgen oder schwerwiegenden Schaden für die in der seiner Verantwortung liegenden Personen oder Institutionen abzuwenden: Im Falle zweier Meutereien[47] entschied Strauß kurzer Hand, das Geld den Soldaten sofort auszubezahlen, um den Zwischenfall nicht an die Presse durchsickern zu lassen.[48] Er handelt in dem Sinn populistisch, dass er alles unternimmt, damit nichts an die Presse durchsickert, was ihn kritikfähig macht und ihn politisch unter Druck setzt. Werner Biermann führt darüber hinaus die Wehrdebatte an. Er schreibt, man habe erlebt wie der Bundeskanzler vollständig versagt und der junge Franz Josef Strauß mit seiner Rede Adenauer rettet und alles entscheidet. Kanzler Adenauer hatte – müde und überarbeitet - bei seiner Rede immer wieder den Faden verloren.[49] Die Presse feiert Strauß und schreibt, er sei „witzig, schlagfertig und hat einen sechsten Sinn für die Schwächen des Gegners."[50] Franz Josef Strauß war überzeugt, dass die Bundeswehr Mitglied eines nuklearen Schutzschildes der verbündeten Staaten werden solle.[51] Die Reduktion von konventionellen Waffen sollte mit der Einführung taktischer Atomwaffen ergänzt werden. Sinn und Zweck der Kernwaffen war also die Verhinderung eines Krieges. Stefan Finger hebt zu dieser Debatte ein Zitat Strauß' hervor:

> „Waffen mit derartiger Vernichtungsgewalt setzt man nicht ein, sondern nutzt sie, um sich und die Bundesgenossen vor jedweder Erpressbarkeit zu schützen und kriegerische Überfälle von vornherein zu verhindern."[52]

---

[44] Vgl. Rust, Josef: Streifzug mit Hans Globke durch gemeinsame Bonner Jahre, in: Gotto, Klaus (Hg.): Der Staatssekretär Adenauers. Persönlichkeit und politisches Wirken Hans Globkes. Stuttgart 1980, S.27-38, S.37

[45] Finger, Stefan: a.a.O., S.136

[46] Vgl. Schlötterer, Wilhelm, Macht und Missbrauch, Von Strauß bis Seehofer, Heyne Verlag München 2009, S. 158

[47] Hier: geschlossene Befehlsverweigerung einer Truppe

[48] Biermann, Werner: a.a.O., S.104ff

[49] Ebd. S.91f

[50] Ebd.

[51] Finger, Stefan: a.a.O., S.138

[52] Ebd.

In der Folgezeit behaupteten Teile verschiedener Medien und Politiker, Strauß sei bei der Beschaffung des Schützenpanzers in dunkle Machenschaften verwickelt gewesen, Bestechungsgelder seien geflossen und Vetternwirtschaft sei betrieben worden.[53] Dafür konnten aber niemals Beweise vorgelegt werden, die belegten, dass Strauß sich in irgendeiner Weise der Vorteilsnahme schuldig gemacht hätte.

„In dem ebenso rhetorisch wie demagogisch begabten Franz Josef Strauß hatte insbesondere die SPD genau jenen Antagonisten gefunden, nach dem sie sich gesehnt hatte: Er ist aufs Haar die Zielscheibe, auf der die Sozialdemokratie nach Jahren einer verzweifelten Blindgängerei endlich ins Schwarze treffen könnte." [54]

Doch Strauß disziplinierte sich keineswegs, er erstellte mit seiner Art und Weise politischer Führung und Zielsetzung eine Plattform für Kritik und kannte keine Zurückhaltung. Biograph Finger zitiert Herrn General Schmückle wie folgt:

„(...) [Strauß](Anmerkung des Verfassers) die Gestalt kolossal, ohne eigentlich mächtig zu sein- die Augen klein, der Blick stechend, die Stimme gewaltig, die Sprache phantastisch und mitreißend, eine scharfe, praktische Sicht, eine ungeheure, rücksichtslose Energie, ein Mann großer, vielleicht zu großer Hilfsbereitschaft, ein Kämpfer, der Feinde brauchte, ein Politiker, der sich seine Gegner schuf, weil seine heftigen Antriebe immer ein Ziel benötigten, ein Kraftmensch wie Danton, ja wie Georges-Jacques Danton: blitzgescheit, hochbegabt, gefährdet- wie einst von dem Franzosen konnte auch von ihm eine plötzliche, unheimliche verdunkelnde Wirkung ausgehen. Ein Mann wie geschaffen für Umbruchzeiten, Neubeginn, Aufbau, eine Projektionsfläche für Hoffnung, Glaube und Zuversicht, aber auch für Abscheu, Angst und Feindschaft."[55]

Dieser treffenden Charakteristik seiner politischen Ausstrahlung auf seine Wähler und Gesprächspartner stand bei Strauß ein Hang zum Choleriker und Alkoholiker entgegen. Um Strauß näher zu beschreiben ist es notwendig seine Persönlichkeit politisch und privat auseinander zu halten.

„Politisch ist Franz Josef Strauß der scharfe, klare, oft aggressive Denker. Wer ihn nur politisch kennenlernt (...), der hat einen ganz anderen Eindruck von ihm als derjenige, der ihm privat (...) begegnet. (...)"[56]

Bei politischen Fragen und Tätigkeiten wird er zum „furor politicus". Privat jedoch sei er der höflichste und ein sehr zuvorkommender Mensch, so Thomas Dalberg.[57] Seit Franz Josef Strauß im Oktober 1956 das Amt des Verteidigungsministers übernommen hatte, verfolgte er also neben dem konventionellen Aufbau der Bundeswehr Maßnahmen zur Atomwaffenaufrüstung, um durch die Abschreckung gegenüber dem Osten das Ziel der Abrüstung zu verwirklichen. „Hauptziel unserer Politik muss die Abrüstung sein. (...)"[58] Die Bedrohung durch die Sowjetunion wurde zum Credo eines Mannes, der sich in jeder Rede von kommunistischen Mächten umzingelt fühlte, um sich deshalb in Bayern einer „Woge von Zuneigung, Begeisterung und Liebe [von Seiten der bayerischen Wähler (Anmerkung des Verfassers)] hinzugeben."[59] Vor allem von der Opposition wurde Strauß immer

---

[53] Vgl. Mechtersheimer, Alfred: Bestechende Beschaffungskonzepte. HS 30, Starfighter und so weiter, in: Hafner, Georg; Jacoby, Edmund (Hg.): Die Skandale der Republik. Hamburg 1990, S.44 siehe auch: Finger: a.a.O., S.141
[54] Finger, Stefan: a.a.O., S.144
[55] Schmückle, Gerd: Ohne Pauken und Trompeten. Erinnerungen an Krieg und Frieden. Stuttgart 1982, S.156 f
[56] Dalberg, Thomas: a.a.O., S.219.
[57] Ebd.
[58] Finger, Stefan: a.a.O., S.167
[59] Biermann, Werner: a.a.O., S.180

wieder „großmachtchauvinistische Kriegsgelüste" vorgeworfen.[60] Gegen Ende der Ära Adenauer wurden Franz Josef Strauß' Kanzlerambitionen immer offensichtlicher. Nicht nur die politischen Gegner, sondern auch Adenauer selbst versuchten dies zu verhindern, indem letzterer Strauß einen Staatsstreich anhing.[61] Auch „Der Spiegel" unter der Führung Rudolf Augsteins versuchte, Franz Josef Strauß aus der Bundespolitik zu manövrieren. Hier ist die „Fibag-Affäre" zu nennen: In einem Bericht über die Finanzierung von Kasernen brachte das Magazin indirekte Korruptionsvorwürfe derartig geschickt mit dem Verteidigungsminister in Zusammenhang, dass dessen Ruf trotz fehlender Beweise nachhaltig geschädigt wurde.

In der „Ära Strauß" wurden Standorte wie München, Augsburg, Nürnberg und Erlangen zu Zentren der Rüstungs-, Raketen-, Flugzeug-, Fahrzeug-, Elektronik – sowie der zivilen Nuklearindustrie oder sonstiger Hochtechnologien, die für den wirtschaftlichen Fortschritt und der Zukunft Bayerns von enormer Bedeutung waren."[62] Es ist unbestritten dass jene charakterlichen Fähigkeiten Strauß' zu diesen Erfolgen geführt haben, aber es ist in gleichem Maße unbestritten, dass Strauß gleichzeitig durch seinen Hang zu missverständlicher Ironie, seiner Überreaktion aus nichtigen Anlässen, seine oft bizarren politischen Lösungen, seine brachiale Rhetorik und Diffamierungen ihm nicht nur die Oberhoheit der Stammtische einbrachte, sondern ihn in die Nähe von Korrumpierbarkeit und Machtmissbrauch rückte. Die Überbetonung der bolschewistischen Bedrohung war sicherlich ein populistisches Mittel, seine politischen Ziele durchzusetzen.

2.2.3 Bundesfinanzminister von 1966 bis 1969

Bar eines bundespolitischen Amtes brachte Franz Josef Strauß als CSU-Vorsitzender und seit 1963 Landesgruppenchef seine Partei nach vorne, sah sich „als der große Integrator, der alle Strömungen und Flügel in sich zusammenfasst und Gegensätze zum Ausgleich zu bringen weiß."[63] In dieser Zeit des politischen Rückzuges kauft er seinen ersten Sportwagen und macht den Jagdschein im Schnellverfahren. Alles, was die Reflexe herausfordert, findet sein Gefallen.[64] In der Folgezeit reiste Franz Josef Strauß nach Ostasien, Südafrika, Iran, bei denen er mit höchster Gastfreundlichkeit empfangen wurde. Parallel zu seinen Tätigkeiten als Parteichef, Landesgruppenvorsitzender, Ausschussmitglied, Familienvater, Weltreisender, Rhetor und Jäger studierte er Finanzwissenschaften, denn er war davon überzeugt, in die Bundesregierung zurückzukehren, wenn er sich intensiv in die Problematik einarbeite. Immer wieder stand ihm auch seine Selbstverliebtheit, seine Egozentrik im Wege. Er wurde ein Meister der Selbstinszenierung und doch sollte ihm dies zum Verhängnis werden, es brachte ihn keinen Zentimeter näher an seinen Lebenstraum, dem Kanzleramt. Im Ausland war er dennoch sehr beliebt. Als Franz Josef Strauß nach Angola reiste, war die Flugzeuglandebahn mit Scheinwerfern beleuchtet und

---

[60] Ebd. S.169
[61] Ebd., S.178
[62] Vgl. Finger, Stefan: a.a.O., S.240ff siehe auch: Süddeutsche Zeitung vom 20.10.2011
[63] Strauß, Franz Josef, Die Erinnerungen , Siedler Verlag, Berlin 1989, S. 42f.
[64] Biermann, Werner: a.a.O., S. 193

Strauß erschien im Scheinwerferlicht mit Tropenhelm und zwei Jagdgewehren, dabei empfing ihn eine Ehrenkompanie. Man erkennt seine populistische Art aufzufallen sowie den hohen Aufwand, den er betreibt, um Popularität zu erfahren. Am 9. Januar 1964 glänzt Strauß im Deutschen Bundestag mit einer wirtschafts- und finanzpolitischen Rede, die im Inland wie im Ausland auf außerordentlich große Beachtung und Aufmerksamkeit stieß. ‚Die Welt' meinte, ‚der neue Strauß' hätte die Abgeordneten sehr beeindruckt. Mit der Maschinenpistole habe er mit Früchten seiner volkswirtschaftlichen Studien die Finanzexperten der SPD niedergeschossen,[65] so erklärt es Stefan Finger und fügt hinzu: Strauß habe sich in umfänglicher Weise wirtschafts- und finanztechnischer Ausdrücke, auch in englischer Sprache, bedient, was von Seiten der SPD mit dem Zwischenruf erwidert wurde: „Wollen sie nicht mal deutsch sprechen?"[66]

1966 zum Bundesfinanzminister der großen Koalition berufen, vermochte Strauß nach nur sechs Wochen einen Haushaltsentwurf für das Jahr 1967 vorzulegen, der all jene Deckungslücken zu schließen wusste, an denen die Regierung Erhard so kläglich gescheitert war. Er verschrieb sich weiterhin einer grundlegenden Reform der veralteten bundesdeutschen Finanzverfassung;

> „Diese Reform bedeutet letztlich nichts anderes als eine Modernisierung unseres Staatswesens. Es muss dem technischen Fortschritt von morgen aufgeschlossen sein. (…) Ich bin kein Planwirtschaftler"[67], verkündete Strauß.

Diese populistische Aussage gab seiner Popularität viel Auftrieb. In seinem neuen Milieu galt er schnell als eine Größe der Finanzwelt, Willy Brandt stimmte zu: „ Er wollte und konnte beweisen, dass er – wie vieles andere – auch ein guter Finanzminister sein könne."

Als „Inbegriff des Demagogen" wurde er von seinen Gegner genannt, doch wer Strauß nun genauer kannte, realisierte, dass er sich in den vergangenen Jahren gewandelt hatte. Keine Spur mehr von Unbeherrschtheit, von unberechenbarer Gefährlichkeit war zu erkennen, außerdem beachtete er Regeln, Vorschriften und Verbote. Strauß hatte sich zum dritten Mal in eine neue komplizierte Materie eingearbeitet ohne sein Lieblingsgebiet, die Außenpolitik aus den Augen zu verlieren.

> „(…) Nie vorher und nie danach konnte er sich so weit entfernen von jenem Image des Skandalumwobenen aus der miefigen bayerischen Provinz, welches große Teile der deutschen Presse sonst so durchgängig pflegten."[68]

Doch am 19. Mai 1969 schon zwei Jahre später sollte die Situation sich ändern: „Der Spiegel" stempelte Strauß unter dem Titel „Herzog Doppelzunge" 1966 als unberechenbar, unzuverlässig und gefährlich ab, was die Bundestagswahl zu Ungunsten der CDU/CSU beeinflusste. Auch die APO[69] störte mehrere Wahlkampfveranstaltungen der Unionsparteien. Summa summarum fiel die Bilanz für den Bundesfinanzminister Strauß sehr gut aus: Es gelang ihm die Konsolidierung der Staatsfinanzen, die Einführung der mittelfristigen Finanzplanung, sowie die

---

[65] Finger Stefan: a.a.O., S.260
[66] Ebd.
[67] Ebd. S.284
[68] Krieger, Wolfgang: Franz Josef Strauß. Der barocke Demokrat aus Bayern. Göttingen, Zürich 1995, S.62.
[69] APO: Außerparlamentarische Opposition

Einführung der Mehrwertsteuer und die Überwindung der Rezession während seiner Amtsperiode.[70]

Bei der Entmachtung Ludwig Erhards belauern sich Unionspolitiker gegenseitig, Rainer Barzel unterstellt Strauß einen Putschversuch und umgekehrt, Bundestagspräsident Eugen Gerstenmaier hält sich für den geeigneten Kanzlerkandidaten genauso wie Kurt Georg Kiesinger. Erst der junge Helmut Kohl ebnet Kiesinger den Weg, Strauß soll Finanzminister werden.[71] Conrad Ahlers wird Regierungssprecher, Horst Emke, Augsteins Anwalt, Staatssekretär. Damit wird Strauß „ausbalanciert". Man spricht von einer „Koalition des späten Ausgleichs"[72]. Es beginnt die Zeit der erfolgreichen Zusammenarbeit von Franz Josef Strauß und Karl Schiller (SPD) als Wirtschaftsminister. Erst zum Ende der Legislaturperiode beginnen sie ein Duell der Eitelkeiten, das dem jeweiligen Wahlkampf dient. FJS hat für den Kanzler Kiesinger „Qualitäten eines Herkules"[73]. In dieser Zeit machen Strauß vor allem die volkspädagogischen Wortschöpfungen populär, mit denen er hochkomplexe Wirtschafts- und Finanzprobleme den Wählern verständlich macht, wie „Mifrifi" – mittelfristige Finanzplanung -, „konzertierte Aktion" oder „Konjunkturtäler". Hier werden populistische Züge deutlich, denn beim Taktieren um Erhards Nachfolge zeigt sich Strauß' ungeheurer Machtwille, er ist zu allem bereit, auch zu einem Putsch. In der Bundespolitik reicht der Machtmensch Strauß den Sozialdemokraten über das Fernsehen die Hand, um wieder an den Kabinettstisch als Finanzminister zurückzukehren. Für den Weg zur Macht wirft auch Strauß bisweilen seine Überzeugungen über Bord.

2.2.4 Oppositionspolitiker der CDU/CSU und als Kanzlerkandidat

In der Zeit der Studentenrevolten hatte Strauß den grundlegenden Stimmungswandel nicht verstanden - im Gegensatz zu Willy Brandt, dem Nazi-Gegner und Exilanten. Er wird zum „Modernisierungsverlierer". Er wird der Repräsentant des in Angst und Schrecken versetzten Bürgertums. Er versteht sich als Garant von Ordnung und Anstand, auch in seinem Kampf gegen die NPD: „(...)es darf keine erfolgreiche Partei rechts der CSU geben."[74]

Franz Josef Strauß agierte 1969 in der Rolle als Oppositionspolitiker unter der Regierung Brandt. Dabei unterstützte er mit Nachdruck den Vorsitzenden der CDU/CSU-Bundesfraktion Rainer Barzel, den er nach seinen Vorstellungen beherrschte. Denn Barzel fehlt „bei aller Wortgewandtheit und Urteilsicherheit die Fähigkeit, die Menschen für sich zu gewinnen und charismatisch die Rolle des Oppositionsführer gegen Brandt zu meistern.[75] Somit musste Strauß die Rolle übernehmen, versuchte Barzel für seine Ziele zu instrumentalisieren. Dabei war Strauß bestrebt den Standpunkt der CSU durchaus zu profilieren und verschärfte den

---

[70] „Bis auf den heutigen Tag ist Franz Josef Strauß der einzige Bundesfinanzminister geblieben, der beim Ausscheiden aus seinem Amt weniger Staatsschulden hinterließ, als er beim Amtsantritt vorgefunden hatte." Siehe dazu: Finger, Stefan: a.a.O., S.314
[71] Vgl. Biermann, Werner: a.a.O., S.208
[72] Vgl. Ebd. Siehe dazu 2.5.5
[73] Vgl. Ebd. S.211
[74] Vgl. Ebd. S.223
[75] Vgl. Kleinemann, Hans-Otto: Geschichte der CDU 1945-1982. Stuttgart 1993, S.321.

Ton gegenüber der CDU-Führung nun dauerhaft, indem er bei jeder passenden Gelegenheit die Bedeutung bzw. die Ansprüche seiner Partei betonte und seine Landesgruppe als Speerspitze benutzte.[76] „Wandel durch Annäherung", so lautet die Taktik des Bundeskanzlers Brandt für das Fernziel: Wiedervereinigung. Doch Strauß forderte:

> „Annäherungsversuche an den Osten nur aus der Sicherheit des westlichen Bündnisses heraus zu unternehmen" und warnte davor, „ in Osteuropa Hoffnungen auf eine völkerrechtliche Anerkennung der DDR zu wecken. Die Bundesregierung müsse den Unterschied zwischen staatsrechtlicher und völkerrechtlicher Anerkennung klarlegen, wenn sie im Westen und im Osten nicht missverstanden werden wolle."[77] Daraufhin folgerte Strauß: „Ich werde die Sorge nicht los, dass die jetzige Bundesregierung in der verspäteten Erkenntnis der überschwänglich eingeleiteten Ostpolitik Lösungen anzusteuern, die letzten Endes nur der langfristigen Konzeption der Sowjetunion und ihrer Freunde Nutzen bringen. Wir werden getreu unserer Pflicht als Opposition darauf achten, dass solche verhängnisvolle Torheit nicht obsiegen wird. Eine Bundesregierung, die innenpolitische Schwäche durch außenpolitische Scheinerfolge (...) verdecken wollte, verdient nicht das Vertrauen unseres Volkes."[78]

Die Maxime seines bisherigen politischen Lebens, die Bekämpfung des Deutschland bedrohenden sowjetischen Kommunismus wird hier wiederum deutlich.

Franz Josef Strauß wandte sich keineswegs gegen die Entspannungspolitik der Bundesregierung, sondern er lehnte die Art und Weise ab.

Strauß sah als ersten Schritt eine europäische Einigung in Wirtschaft und Luftfahrtentwicklung, um dann aus einer gefestigten Position heraus der Sowjetunion gegenüber zu treten. Damit war er seiner Zeit einige Schritte voraus. Außerdem missfiel ihm, *wer* die Ostpolitik vertrat, obwohl Willy Brandt und Franz Josef Strauß sich in vieler Hinsicht nicht unähnlich waren. Beide waren mit einem ungewöhnlichen Charisma ausgestattet. Ähnlich wie bei Willy Brandt lässt sich bei Franz Josef Strauß von einem Doppelcharakter sprechen. So war er wie Werner Biermann ausführt „sowohl Schöngeist und Rabauke, Gelehrter und Bierzelt-Demagoge, Löwe und Papiertiger."[79] Er konnte sich wie Peter Glotz einmal feststellte „mit den Herrschenden verbinden und zugleich mit den Beherrschten rebellieren."[80] Dieser Gesichtspunkt erklärt die enorme Breitenwirkung, seine rhetorischen Fähigkeiten sowohl im Bundestag als auch im Bierzelt und sein Charisma, das alle geistigen und sozialen Schichten der Bevölkerung faszinierte. Aber seine Warnungen und Argumente blieben ungehört, seinem leidenschaftlichen Eintreten für eine alternative Ostpolitik wurden oft rein wahltaktische Motiven unterstellt. Daran war Strauß nicht unschuldig, sorgte er doch selbst für die Provokation und „Bewaffnung" seiner innenpolitischen Gegner. 1971 kam es zu einer weiteren persönlichen Niederlage Strauß`, als Brandt zum Friedennobelpreisträger gekürt wurde. Nur wenige Eingeweihte wussten, dass der bayerische Löwe stets gefährlicher brüllte als er biss, denn es entsprach seinem

---

[76] Vgl. Finger, Stefan: a.a.O., S.322
[77] Vgl.: o.T., in: Europa-Archiv, Zeitschrift für internationale Politik, 25 (1970) Band 3, S.27. (Finger S.324)
[78] o.T., in: Europa-Archiv, Zeitschrift für internationale Politik, 25 (1970) Band 3, S.91f.
[79] Biermann, Werner: a.a.O., S.33
[80] Ebd.

Oppositionsverständnis, die sozialliberale Ostpolitik trotz prinzipieller Gemeinsamkeiten mit polemischer Aggressivität anzugreifen.[81]

In dieser Zeit wurde mehr und mehr deutlich, dass sein Temperament nicht zu zügeln war und er seinen politischen Zielvorgaben immer mehr im Weg stand. Dabei half ihm auch nicht seine zunehmend populistischen Ausführungen in seinen Reden gegen die Regierung Brandt mit all seinen Schlagworten und vereinfachenden Erklärungsversuche.

In der Geschichte der Bundesrepublik Deutschland kann man rückblickend sagen, gab es niemals zuvor von einer Opposition mehr eigenständige Gesetzesinitiativen als von der CDU/CSU in den Jahren 1969 bis 1972. „Es war in jeder Hinsicht die fleißigste Opposition, die es je gab. (...)."[82]

Als Kernstück der Oppositionstätigkeit des Herrn Strauß kann man die Sonthofener Rede am 18. November 1974 bezeichnen, bei der es sich um eine typische Strauß-Rede handelte. Strauß hatte völlig frei gesprochen, kein Redemanuskript, nicht einmal Notizen hatte er sich gemacht und er nahm in dieser Rede kein Blatt vor den Mund. „Der Spiegel" veröffentlichte einen geschickt gewählten Ausschnitt aus jener Rede:

> Strauß habe eine „totale Verweigerungsstrategie entwickelt, er habe davon gesprochen, der Staat müsse vollständig herabgewirtschaftet werden, damit die Unionsparteien endlich wieder die Macht übernehmen und so richtig aufräumen könnten, „dass bis zum Rest dieses Jahrhunderts von diesen Banditen keiner es mehr wagt, in Deutschland das Maul aufzureißen."[83]

Diese Rede schlug in den Medien ein wie kaum ein Ereignis der Tagespolitik, denn sie stellte natürlich ein gefundenes Fressen für Parteigegner, politische Feinde, Kontrahenten und vor allem für „Der Spiegel" dar, der Strauß nun endgültig auf der Abschussliste stehen hatte.[84] Man begreift auch mancherorts, wie sehr Franz Josef Strauß in verleumderischer Absicht missverstanden worden ist.

So schrieb der nun wirklich nicht zur Strauß-Fangemeinde zählende Journalist Robert Leicht im Februar 2004:

> „(...) bevor Politiker gewählt würden, die etwas Grundlegendes bessern wollen, jaulte das Land auf – als wünsche sich Strauß die Katastrophe, nicht etwa die Veränderung herbei. Aber können wir nach etwa 30 Jahren Reformstau nicht langsam zugeben, dass der Polterer mit seiner Diagnose unserer politischen Psyche eher Recht hatte?"[85]

Die Kanzlerkandidatur rückte nun endgültig in weite Ferne. Außenpolitisch wird Strauß wie ein Staatsoberhaupt behandelt. Die chinesische Presse veröffentlichte eine Reportage über den bayerischen „Staatsmann" ähnlich wie bei US-Präsident Nixon. Das stellt natürlich eine einzigartige Würdigung für den hockkarätigen Gesprächspartner Strauß dar. Stefan Finger schreibt dazu: „In der Heimat schlug die Nachricht, dass Franz Josef Strauß als erster deutscher und als dritter

[81] Vgl. Burger, Hannes: Gut gebrüllt, Franz Josef Strauß. München 1989, S.16.
[82] Kaltefleiter, Werner: Zwischen Konsens und Krise. Eine Analyse der Bundestagswahl 1972. Köln, Berlin, Bonn, München 1973, S.29.
[83] Strauß, Franz Josef Strauß: Referat des Landesvorsitzenden Dr. h.c. Franz Josef Strauß auf der Tagung der CSU-Landesgruppe in Sonthofen am 18. Und 19 November 1974. München 1974
[84] Siehe „SPIEGEL-AFFÄRE" in Punkt 2.6.5
[85] Leicht, Robert: Geliebter Katzenjammer. Von Toll Collect bis zur Praxisgebühr: Pechsträhnen sind unsere Lust, in: Die Zeit vom 19.02.2004

westeuropäischer Politiker von Mao Tse-tung empfangen worden war, ein wie eine Bombe."[86] Die gesamte Regierung, Helmut Kohl, die deutsche Linke und „Der Spiegel" waren entsetzt, wie machthaberisch, populistisch und staatsmännisch sich der Oppositionsführer verhielt, als er sagte:

> „(…) das chinesische und deutsche Volk waren immer gute Freunde und jetzt haben wir einen neuen Aspekt. Wir können unsere Zusammenarbeit auf wirtschaftlichem Gebiet zu beiderseitigen Nutzen entwickeln und ausbauen. Wenn wir einen Beitrag zur Entwicklung Chinas leisten können, wollen wir es tun, denn ein starkes China ist eine Garantie für den Frieden."[87]

Auch hier beweist Strauß wie weit er in seinen Visionen seiner Zeit voraus war. Im Herbst 1976 begann der Wahlkampf [88] zur bevorstehenden Bundestagswahl. Nicht nur Franz Josef Strauß, sondern auch Helmut Kohl bot sich als Kanzlerkandidat an. Strauß über Kohl:

> „Helmut Kohl ist ein erfolgreicher Ministerpräsident, der seine eignen Grenzen erkennen muss." Er wollte damit sagen: „Seine (Kohls) politischen Fähigkeiten überschreiten nicht die Grenzen eines Bundeslandes"[89].

Der Landesausschuss der CSU wählte schließlich Strauß zum Kanzlerkandidaten der CSU, wusste aber, dass er nach der missverstandenen Sonthofener Rede keine Möglichkeit mehr haben werde, sein revitalisiertes Blockierer-Image rechtzeitig zur Wahl beseitigen zu können.

Fast zwei Wochen lang wurde Strauß bei seinem 60. Geburtstag wie ein barocker Fürst oder ein König gefeiert. Die Feste, die für den Jubilar von seinen Anhängern und Parteifreunden ausgerichtet wurden, waren so pompös und beeindruckend inszeniert, dass sich sogar Strauß-Kritiker wie CSU-Vize Franz Heubl von der Euphorie beflügeln ließen, der jubelte: „Franz Josef Strauß, die CSU, das bist du!"[90] Als die Feierlichkeiten zu Ende waren, hielt Strauß wenige Wochen später eine Rede, die allgemein als „schallende Ohrfeige" für Helmut Kohl und als der „ohnmächtige Zornesausbruch eines schlechten Verlierers"[91] galt. Stefan Finger argumentiert: „Völlig unzweifelhaft ist jedoch, dass Helmut Kohl alles andere als ein total unfähiger Zwerg im Westentaschenformat war, wie sein bayerischer Männerfreund behauptet hatte. (…)."[92]

Franz Josef Strauß vergaß die Außenpolitik nicht und bereiste im November 1977 Chile. Er erhielt dort eine Ehrenprofessur der Universidad de Chile und forderte bei seiner Rede vor dem Denkmal der deutschen Einwanderer in aller Öffentlichkeit mehr Demokratie und weitere Demokratisierung, was von seinen Gegnern negativ ausgelegt wurde. Diese Kritik seitens politischer Gegner kann Wilfried Scharnagl nicht teilen, denn als Richard von Weizsäcker seinerzeit einem der größten Verbrecher Afrikas, Mugabe, die Hand schüttelte, sich in geeigneter Pose fotografieren ließ und ihn als demokratische Zukunft Afrikas rühmte, ohne dass sich irgendjemand beklagt hätte, dann könne er es nur als Ungerechtigkeit sehen, wenn

---

[86] Finger, Stefan: a.a.O., S.382
[87] Strauß, Franz Josef: Die Erinnerungen. Berlin: Siedler 1989, siehe auch: Finger Stefan: a.a.O., S.382
[88] Siehe Punkt 2.5.4
[89] Finger, Stefan : a.a.O., S.392
[90] Voss, Friedrich: Den Kanzler im Visier. 20 Jahre mit Franz Josef Strauß. Mainz, München 2000, S.129
[91] Finger, Stefan: a.a.O.,S.406
[92] Ebd.

Strauß bei ähnlicher Tätigkeit Vorwürfe gemacht werden.[93] Betrachtet man die Staatsbesuche des Franz Josef Strauß, so wird deutlich, dass er nie ein Blatt vor dem Mund nahm und Forderungen zu stellen wagte. Auch im Gespräch mit Leonid Breschnew hielt sich Strauß nicht zurück, seine Sicht der Dinge zu erläutern. Daraufhin wurde er von Herrn Breschnew bis zum Auto begleitet, was in aller Welt als besondere Geste des Respekts gewertet wurde. Strauß` größte Sorge galt weiterhin der Vorstellung, eines Tages in einem von der sowjetischen Ideologie völlig eingekreisten Europa aufzuwachen. Seine Außenpolitik als bayerischer Ministerpräsident zeugt von einer durchaus populistischen Überbewertung seines Amtes, er jedoch sah sich als bayerischer Ministerpräsident als deutscher Außenpolitiker. Seine Person weitete das Amt aus.

Doch die vielen Anwürfe, die ständige Kritik und meist fälschliche Skandalverbreitung gingen FJS in Wirklichkeit sehr nahe, so mag es nicht verwundern, dass er sich nach einer ruhigeren, zugleich verantwortungsvolleren politischen Tätigkeit als Landesfürst der bayerischen Heimat sehnte.

2.3 Franz Josef Strauß als Landesvater und bayerischer Ministerpräsident

Im Februar 1974 notierte Friedrich Voss in sein Tagebuch:

> „Manchmal spüre ich deutlich, dass FJS[94] das Bonner Oppositionsgeschäft anödet. In der Tat fehlt völlig eine realistische Perspektive für eine Rückkehr in die Regierungsverantwortung und die damit verbundene Möglichkeit des kreativen Handelns (…). Deutlich spüre ich, dass FJS mehr und mehr von der Position des bayerischen Ministerpräsidenten angezogen wird. (…)."[95]

Am 6. November 1978 ernannte man Franz Josef Strauß im Alter von 63 Jahren zum Ministerpräsidenten des Freistaates Bayern. Sein Lebenstraum blieb, Bundeskanzler zu werden, jedoch haftete er nicht an der Kanzlerkandidatur. Von größerer Bedeutung für ihn war - so schreibt es Voss in sein Tagebuch -, dass die Union wieder die Bundesrepublik regierte, damit „die wirklich katastrophale Politik der sozialliberalen Koalition ein Ende fand. (…) Er zog den Sieg der eigenen Partei dem persönlichen Streben vor."[96] Wolfgang Maurus, persönlicher Referent in Strauß' Büro vertrat dieselbe Meinung:

> „Strauß verfügte über sehr viele und gute Informationen quer durch die Parteien, durch alle Parteien. Er kannte also auch Hintergrundgespräche, die führende Vertreter anderer Parteien miteinander geführt hatten. (…)."[97]

Es wäre aber von größter Notwendigkeit gewesen, das Image des Franz Josef Strauß außerhalb Bayerns zu verbessern, seinem Rabauken- und Polterer-Image die Anmutung eines inzwischen gestandenen, gereiften und staatsmännischen bayerischen ,Landesvaters' entgegenzusetzen. Schnell wurde deutlich, Strauß ist ein ernstzunehmender Gegner Schmidts bei den Wahlen 1980, doch wenn Strauß öffentlich behauptete, er sei das Opfer einer konzentrierten Verfälschungs- und

---

[93] Finger, Stefan: a.a.O. S.414
[94] „FJS": offizielle Abkürzung für „Franz Josef Strauß" . siehe auch: www.fjs.de
[95] Voss, Friedrich: Den Kanzler im Visier. 20 Jahre mit Franz Josef Strauß. Mainz, München 2000, S.81f.
[96] Ebd. S.82
[97] Finger, Stefan: a.a.O., S.431

Verleumdungskampagne ungeheuren Ausmaßes, dann wurde nur laut gelacht, so beschreibt es Stefan Finger.[98]

Jetzt agierte er rein populistisch, wenn er sich seiner einfachen Herkunft erinnert und die untere Mittelschicht folgendermaßen anspricht:

> „(...) Ich komm aus dem Milieu einer Arbeitervorstadt. Ich bin mit seinen Problemen großgeworden. Ich kenne die Sprache des Volkes. Ich kenne die Mentalität und Psychologie der breiten Schichten, der breiten Massen unseres Volkes, nicht deshalb, weil ich studiert habe, oder weil ich auf Schauspieler getrimmt worden bin, sondern deshalb, weil das meine Natur ist, weil das meine Herkunft ist, weil ich dort mehr politische Heimat habe als in manchen Häusern der Vornehmen und der Reichen, die heute um Helmut Schmidt herumscharwenzeln."[99]

Hier ist interessant zu sehen, mit welch einfach gebauten Sätze er arbeitet. Er beginnt den Satz immer mit „Ich" und stellt eine Behauptung auf, die er simpel, verständlich und einprägsam mit dem „weil" begründet.

Hans Maier sagte in einem Interview:

> „Sein Temperament, aber auch seine Sprunghaftigkeit und Unberechenbarkeit - das war etwas, das die Geister teilte, was zu Streit und Diskussion Anlass gab. Auch begeisterte Anhänger wiegten manchmal bedenklich die Köpfe. Dagegen wirkte Schmidt beherrschter, staatsmännischer."[100]

Aus heutiger Sicht wurde Strauß gerade in der Zeit immer mehr zum Populisten in seinen Reden und Wahlkampfattacken, als er sich als ernstzunehmender Politiker jenseits der bayerischen Grenzen zunehmend missverstanden und nicht ernst genommen fühlte. Zu diesem Bild hatten nicht nur die politischen Magazine wie „Der Spiegel" oder „Stern" geführt, sondern auch politische Gegner in der SPD und in der CDU.

Franz Josef Strauß wurde im dritten Jahr seiner Amtszeit als bayerischer Ministerpräsident zum Ehrenbürger der Stadt München erklärt und daraufhin wurde er mit über 95% zum CSU-Vorsitzenden gewählt. Seine Hauptaufgaben sah er im Bau von Fernstraßen und Klärwerken, in der Koordinierung von Investitions- und Förderprogrammen im Bereich Luft-und Raumfahrt, in der Modernisierung des Bildungssystems und in der Errichtung eines Großflughafens vor den Toren Münchens. Eine Konstante in all den Jahren als Politiker blieb die Zurückdrängung der Sowjetunion und der linken Presse.

2.4 Strauß und der Europagedanke

Franz Josef Strauß wurde von der DDR als revanchistisch und revisionistisch bzw. nationalkonservativ und nationalistisch charakterisiert, obwohl er seit Jahren für die Überwindung des Nationalstaates eintrat. „Ein deutscher Nationalist müsste die Einheit des Vaterlandes über alles stellen. Strauß hat das nie getan"[101], er träumte von der Vereinigung der europäischen Staaten zu einem großen Kontinentalstaat. In Vorträgen und Aufsätzen schreibt Franz Josef Strauß zum Europagedanken:

---

[98] Ebd. S.434

[99] Strauß, Franz Josef: Rede des Kanzlerkandidaten der CDU/CSU, in: Christlich Demokratische Union Deutschlands (Hg.): 28. CDU-Bundesparteitag. Berlin, 19-20.Mai 1980. Niederschrift. Bonn 1980, S.159-187, S.185   Finger 438

[100] Finger, Stefan: a.a.O., S.466

[101] Ebd., S.266

„Die bloße Wiederherstellung des deutschen Nationalstaates kann nicht das vorrangige oder gar einzige Ziel unserer Deutschlandpolitik sein. Die Zukunft auch der deutschen Nation liegt allein in einer europäischen Ordnung der Freiheit, des Rechts und des Friedens, in der die Frage nach staatlichen Grenzen zweitrangig geworden ist."[102]

Deshalb ist das Ziel eine europäische Föderation. Franz Josef Strauß forcierte seine Gedanken, indem er sich für eine Bildung einer demokratisch legitimierten Zentralgewalt für Europa aussprach, die von der Mehrheit des europäischen Parlaments getragen wird.

„Der gesamte Prozess, (…) kann nicht von heute auf morgen vonstattengehen. Wir müssen aber den politischen Willen aufbringen, endlich einen Anfang zu machen, um diesen Prozess dann organisch voranzutreiben."[103]

Franz Josef Strauß wirkt bei seinem Entwurf von der Europäischen Union sehr fortschrittlich, modern, revolutionär und international denkend, er bezeichnet sich selbst als „deutscher Europäer" und zugleich „europäisch denkender Deutscher"[104] und benutzt die populistische Inszenierung seiner Persönlichkeit, um seinen Wunsch zu verwirklichen. Darüber hinaus betonte er „ein in Frieden und Freiheit geeintes Europa" nicht nur in seinen Publikationen, sondern in fast jeder seiner Reden. Denn die deutsche Nationalidee, so Strauß, „müsse mit dem europäischen Gedanken zur Synthese gebracht werden"[105], da sich die Vereinigung nur unter europäischem Dach realisieren lasse.[106]

„Nur ein vereintes Europa wird die Weltgeltung der europäischen Völker für die Zukunft wiederherstellen, erhalten und ausbauen. Die Vereinigten Staaten Europas müssen geschaffen werden. Ein in föderalistischer Ordnung vereintes Europa, auf Freiheit, Recht und Selbstbestimmung gegründet, steht auch osteuropäischen Ländern offen."[107]

Also Europa sollte politisch, gesellschaftlich, kulturell, wirtschaftlich durch Verträge als ein kontinentaler Staatenbund bzw. als eine Union hervorgehen. Das war die Zielsetzung der Strauß'schen weltpolitischen Visionen.

Im Jahre 1966 fasste Strauß seine Grundüberzeugungen in einem „Entwurf für Europa" zusammen, auf den ich jetzt aufgrund der Kürze der Seminararbeit nicht weiter eingehen werde. Im Kontext seiner Vorstellung von einem vereinten Europa zeigte sich seine scharfe analytisch perspektivische, historisch begründete Sicht auf die internationalen Entwicklungen der Zukunft. In den entscheidenden Fragen – wie beispielsweise die Wiedervereinigung, beim Zusammenbruch des Kommunismus sowie die Entwicklung der Eurozone oder des modernen Chinas zur Weltmacht- war er seinen politischen Wegbegleitern weit voraus. Hier ist keinerlei Populismus feststellbar, sondern der pragmatische Analytiker.

[102] Vgl. Strauß, Franz Josef: Vorträge und Aufsätze, September 1985, Heft 4. Tutzing 1985, S.19
[103] Strauß, Franz Josef: Entwurf für Europa. Stuttgart-Degerloch 1966, S.19 f.
[104] Gaus, Günther: Zu Protokoll. Interview mit FJS. Sendedatum: 08.09.1968, Südwestrundfunk.
[105] Finger, Stefan: a.a.O., S.268
[106] Vgl. Ebd. S.268
[107] Finger : a.a.O.: S. 268

2.5 F.J. Strauß und sein besonderes Verhältnis zu den Medien

Strauß wurde seit den 1950er Jahren in Teilen der Medien – vor allem „Der Spiegel"- zur Unperson erklärt und bis zur Böswilligkeit karikiert. [108] Strauß war ein Politiker, der von seinen Anhängern fast wie ein Heiliger verehrt wurde, von seinen Gegnern abgrundtief gehasst und bekämpft wurde.

2.5.1 Seine Wirkung in Presse, Fernsehen und auf Karikaturisten

„Die ‚Neue Zeitung' zählte ihn zu den besten und temperamentvollsten Rednern des Bundestages (…), auch der Münchner Merkur meinte: ‚Franz Josef Strauß hat sich durch seine letzte Rede im Bundestag wahrscheinlich endgültig in die erste Garnitur der Bonner Hierarchie vorgespielt. Auch diejenigen, die ihn ablehnen, ‚rechnen' mit ihm."[109] Bereits 1953 schreibt die „Zeit" über Franz Josef Strauß, Minister für besondere Aufgaben:

> „Zu den einflussreichsten Akteuren des neuen Bundestages darf man den 38-jährigen Abgeordneten Franz Josef Strauß zählen. Er gehört (…) zu der ersten Garnitur. Im zweiten Bundestag wird er voraussichtlich eine noch wichtigere Rolle spielen: einmal weil seine Partei, die CSU, eine viel stärkere Position besitzt als im vorigen Bundestag, und zum anderen, weil er eine starke natürliche Begabung für das politische Metier hat. Er hat (…): politische Leidenschaft, eine volkstümliche Beredsamkeit, Verhandlungsgeschick, Mut, aber auch Anpassungsfähigkeit und Instinkt, der vor grobem Danebengreifen schützt. Sein Draufgängertum hat die typischen Akzente bajuwarischer Urwüchsigkeit. Er kann (…) deutlich bis zur Grobschlächtigkeit werden. Aber auch dann zeigt er noch Originalität und Treffsicherheit. Man nimmt ihm seine sprachliche Holzschnitt-Manier auch dort, wo sie hart an die Grenzen des Zumutbaren geht, nicht übel, weil sie so voller Überraschungen ist. (…)Disziplin auch in Kampfsituationen zu wahren, wird ihm den Weg zum Staatsmann ebnen, der er werden kann."[110]

Diese Einschätzung der „Zeit" bringt den Charakter des Franz Josef Strauß ziemlich genau auf den Punkt, gerade die letzte Aussage über seine Disziplin in der politischen Auseinandersetzung sollte dem aufstrebenden bayerischen Politiker allerdings zum Verhängnis werden, denn irgendwann in seiner Karriere spätestens in den Jahren als Ministerpräsident begannen bestimmte Dinge aus dem Ruder zu laufen. Als Beispiel für seine Ausstrahlungskraft und seinen selbstbewussten Umgang mit dem kritischen Journalismus zeigt ein Interview in der Sendung Monitor aus dem Jahr 1972 unter dem Untertitel „Franz Josef Strauß im Kreuzverhör"[111] mit den bekannten Journalisten Rudolf Rohlinger und Claus Hinrich Casdorff. In dieser Sendung demonstriert Strauß seine Stärke mit äußerst kritischen, provokanten Fragen zu innerparteilichen Problemen und Widersprüchen situationsbedingt umgehen zu können, indem er den Spieß umdreht und seinerseits die Interviewer ins Kreuzfeuer nimmt, ja sogar schlechter journalistischer Vorarbeit bezichtigt. Teilweise wirken die beiden arrivierten Fernsehjournalisten dabei wie gemaßregelte Schuljungen. Dort formuliert Strauß seine immer wiederkehrende Vorstellung von einer linksgerichteten und vom Osten beeinflussten Presse in

---

[108] Ebd. S.468f.
[109] Vgl. Strauß, Franz Josef: a.a.O., S.179
[110] Dalberg, Thomas: a.a.O., S.83
[111] http://www.youtube.com/watch?v=sjDlwE61s1k&feature=related(Stand:22.10.2011)

Deutschland, die versucht die Meinungshoheit zu erlangen. Die Auseinandersetzung mit Journalisten ist für ihn die Bühne, seine Freude am politischen Diskurs und dem Kontern ja sogar Abschmettern versuchter Fangfragen auszuleben. Strauß zeigt dabei die populistischen Mittel der medialen Selbstdarstellung auf höchstem Niveau, hier konnte er unbeschwert den politischen Gegner mit farbigen Schlagworten bezichtigen.

Schon im Jahre 1966 existieren etwa 50.000 Karikaturen, die den Urtypus des authentischen Bajuwaren zeichneten. Zum bekanntesten Strauß-Karikaturisten avancierte neben Namen wie Horst Haitzinger und Josef Sauer, Ernst-Maria Lang oder Loriot[112] Dieter Hanitzsch. Der Redakteur der Süddeutschen Zeitung und des Focus brachte 1978 den Sammelband „Ich, Franz Josef Strauß" heraus mit einem Prolog und Kommentaren als wären sie von Franz-Josef Strauß. Dieser Band enthält die vollständigste Entwicklung des bayerischen Politikers in Sachen medialer Selbstdarstellung ohne die kritischen Seiten zu verstecken. Insgesamt stand Franz-Josef-Strauß der Tatsache wohlwollend gegenüber, fühlte sich geehrt, während seiner gesamten politischen Wirkungszeit Zielscheibe karikaturistischer Zeichnungen zu sein. Er wusste sehr genau, dass dies seiner Popularität nur förderlich sein kann. 1970 allerdings erlebte er die Grenzen der Karikatur, als er per einstweilige Verfügung eine Veröffentlichung der Hakenkreuz-Karikatur des Brüder-Grimm-Preisträgers Rainer Hachfeld im „Berliner Extra-Dienst" als Nazi karikiert wurde. Das Landgericht München I bestätigt diese Verfügung, indem diese intensive Verbindung der Person Strauss mit dem Hakenkreuz in keiner Weise mit der historischen Wahrheit übereinstimmend[113], gesehen wurde. Wenn man sich seine Meinung ausschließlich auf der Grundlage wöchentlich erscheinender Magazine, Zeitungen wie BILD und Karikaturenhefte aus dieser Zeit bilden würde , sähe man in Franz Josef Strauß einen gefährlichen und skrupellosen Hardliner. *Die* deutsche Meinungsforscherin der damaligen Zeit, Elisabeth Noelle-Neumann, kam aufgrund ihrer jahrelangen Analysen zu folgendem Resultat: Franz Josef Strauß „war schon Ende der fünfziger Jahre, noch als Atomminister zum Negativstereotyp geworden. Nur zweieinhalb Jahre (…) zwischen 1967 und 1969, änderte sich sein Image schlagartig; für diese kurze Zeitspanne wurde er zu einem der populärsten deutschen Politiker der Nachkriegszeit. (…) 1970, war das vorbei, der alte Strauß-Negativstereotyp kehrte zurück. Es ist kaum anzunehmen, dass solche Verwandlungen nicht auf Medienwirkung beruhen."[114]

2.5.2   F.J. Strauß als Herausgeber des Bayernkuriers
Der Inhalt werde "getragen sein von der Liebe zu Bayern, der Treue zu Deutschland und dem Bekenntnis zu Europa."[115] Mit diesem Geleitwort des Chefredakteurs und Herausgebers gründete der CSU-Generalsekretär Franz Josef Strauß   das neue

[112] http://www.youtube.com/watch?v=YLISP1FzyuA(Stand:22.10.2011)
[113] http://www.spiegel.de/spiegel/print/d-43787187.html (Stand: 22.10.2011)
[114] Noelle-Neumann, Elisabeth: Öffentliche Meinung in der Bundestagswahl 1980. Opladen 1983, S.540-599, S.549f.
[115] http://www.sueddeutsche.de/medien/csu-debatte-um-parteizeitung-bye-bye-bayernkurier-1.1003362 (Stand: 1.10.2011)

Parteiblatt der CSU. Es wurde eines der wichtigsten Sprachrohre der Parteispitze für sein Wahlvolk. Darüber hinaus baute Strauß ihn zu einem „politisch einflussreichen Wochenblatt mit Breitenwirkung in konservativen Kreisen der ganzen Bundesrepublik"[116] aus. „[...] Eine Zeitung wie der Bayernkurier wird oft auch auf Kritik und Gegnerschaft stoßen – eine Gegnerschaft freilich, die wir manchmal eher als Auszeichnung empfinden"[117], so schreibt Franz Josef Strauß und fügt dazu hinzu, dass der Erfolg dieses Blattes, der seinesgleichen auf dem Gebiet der deutschen Wochenzeitung suche, sei nicht zuletzt auch ein Verdienst Wilfried Scharnagls und ein Beweis für die Bereitschaft der Leser, der bedeutendsten deutschen oppositionellen Wochenzeitung Aufmerksamkeit zu schenken[118], und dabei habe der Bayernkurier den Kampf mit dem politischen Gegner nie gescheut, habe sich dabei aufgrund der Tatsache, dass die harte und entschlossene Auseinandersetzung der Parteien wesensmäßig zu einer funktionierenden Demokratie gehört, demokratischer erwiesen als so manche seiner Kritiker.[119] Wer den Bayernkurier bewusst las, wusste sofort, dass sich Strauß´ Originalität und spezifisch gewachsene Bedeutung in der Schärfe der Angriffe auf seine Zeitung widerspiegelten.[120] Brandt wirft Strauß sogar „Doppelzüngigkeit" vor, weil dieser im Bundestag moderat rede, aber so polemisch schreibe, dass er „sogar Hugenberg in den Schatten stelle. Brandt wird im Bayernkurier als der Kanzler des Ausverkaufs bezeichnet."[121]

So wurde der Bayernkurier gerade in der Zeit der heftigsten Kontroversen um Strauß nicht zuletzt durch die journalistische Arbeit des Wilfried Scharnagl zum wichtigsten und verlässlichsten Sprachrohr seiner Politik und seines Kampfes gegen alle seine Widersacher. Es war eine der wichtigsten oppositionellen Wochenzeitungen, das populistische Mittel politischer Meinungsbildung der CSU.

2.5.3 „Politischer Aschermittwoch" – Bühne des Populismus

Seit die CSU im Jahr 1953 unter der Führung von Franz Josef Strauß ihren ersten politischen Aschermittwoch organisierte, wurde dieser rasch zu einer bundesweit bekannten Einrichtung. Zunächst galten die rhetorischen Angriffe der Aschermittwochskundgebungen vor allem der Bayernpartei. Während die Programme der Bayernpartei immer mehr an Attraktivität verloren, gewann die CSU immer mehr an Publikumsgunst und Beliebtheit, was vor allem der Persönlichkeit Franz Josef Strauß zuzuschreiben ist. Seitdem garantierte das rhetorische Talent des Bundesministers, Parteivorsitzenden und Bayerischen Ministerpräsidenten als Hauptredner einen jährlich zunehmenden Publikumsmagneten auch aufgrund seines hohen Unterhaltungswerts. Mancher Kabarettist sah sich um seine Arbeit gebracht. Auszüge der am politischen Aschermittwoch gehaltenen Reden wurden erstmals 1974 als Dokumentationen in der Parteizeitung „Bayernkurier" veröffentlicht, besonders pointierte Aussagen über den politischen Gegner als Zitate in den Medien

---

[116] Wolf, Konstanze: CSU und Bayernpartei. Ein besonders Konkurrenzverhältnis, 1948- 1960. Köln 1982, S.17
[117] http://www.fjs.de/dokumente/parteipolitiker/Bayernkurier-Strauss.pdf(Stand:23.10.2011)
[118] Strauß, Franz Josef (Hg.): Bayernkurier Ausgabe vom 4.November 1972
[119] Ebd. Ausgabe vom 23.Juni 1975, S.25
[120] http://www.fjs.de/dokumente/parteipolitiker/Bayernkurier-Strauss.pdf(Stand:23.10.2011)
[121] Vgl. Biermann, Werner: a.a.O. S.229

kolportiert und von den Karikaturisten mit Vorliebe aufgegriffen. Seit dem 12. Februar 1975 trafen sich Anhänger und Medienvertreter alljährlich in der Passauer Nibelungenhalle. Hier fiel 1975 die Äußerung: „(...) dass Diejenigen, die ausgezogen waren, Deutschland zu reformieren, einen Saustall ohnegleichen angerichtet haben."[122] Darüber hinaus hinderte die private Wertschätzung Willy Brandts Strauß nicht daran, diesen öffentlich zu verunglimpfen, als er sagte: „Eines wird man aber doch Herrn Brandt fragen müssen: Was haben Sie zwölf Jahre lang draußen gemacht? Wir wissen, was wir drinnen gemacht haben."[123]

> „Strotzend vor Selbstbewusstsein sagte Strauß bei seiner Aschermittwochsrede im Jahre 1965: ‚Adenauer hätte ohne die CSU seinen Kampf um europäische Einheit (...) nicht erfolgreich bis zur letzten Konsequenz durchsetzen können - und ich darf einmal sagen: mit mir an der Spitze(...)'"[124]

Ein Jahr später, 1967, verkündete Strauß seinen Zuhörern folgendes zum Kurs der damaligen großen Koalition: „Wir haben die SPD mit der Wucht unserer Erfolge auf unseren Weg gezwungen."[125] 1975 veranstaltete die CSU ihren Aschermittwoch erstmals nicht mehr in Vilshofen - die Halle war zu klein geworden. Man traf sich fortan in der Passauer Nibelungen Halle. Der Ton blieb gewohnt deftig. So tönte der Strauß'sche Vorredner Franz Xaver Unertl mit Blick auf die an die Sozialdemokraten verlorene Regierungsmacht: „Weil wir die roten Ochsen zu spät kastriert haben." CSU-Chef Strauß stand seinem Parteifreund nicht nach und drosch kräftig auf die Regierung ein, die einen "ungeheuren Saustall" angerichtet hätten."[126]

So war der politische Aschermittwoch ähnlich wie der Bayernkurier eine Bühne für Reden die die Bundestagsrede an Polemik, Deftigkeit, Übertreibungen und Verunglimpfungen bei weitem übertraf, Straffreiheit sicherte und die Oberhoheit über die Stammtische festigte. Populismus in Reinkultur. Der politische Gegner antwortete mit eigenen Aschermittwochsveranstaltungen, die es alle samt bis zum heutigen Tag, aber niemals mehr von der damaligen Brisanz und Popularität gibt. Auch die Bundestagsredegefechte zwischen Wehner und Strauß besitzen heute noch einen legendären Status.

2.5.4 Wahlkampf – ein Mittel des Populismus

„Er redet drastisch und plastisch. Noch immer vermag es Franz Josef Strauß wie kaum jemand sonst in der Bundesrepublik, komplizierte Zusammenhänge in griffige Bilder zu bringen, mit einer saftigen aufrüttelnden Diktion die Zuhörer emotional zu packen. Zudem half ihm seine Anpassungsfähigkeit: Auf ländlichen Wahlveranstaltungen redete er betulich, in krachledernem Dialekt. Mittelständische Versammlungen beglückte er mit platten Phrasen und Witzchen. Vor gebildeten

[122] Finger, Stefan: a.a.O., S.417
[123] Vgl. Biermann: a.a.O., S.149f. im Hinblick auf die NS-Zeit
[124] http://www.sueddeutsche.de/politik/franz-josef-strauss-zum-aschermittwoch-die-deftigsten-spruece-1.300575-4(Stand:29.09.2011)
[125] http://www.sueddeutsche.de/politik/franz-josef-strauss-zum-aschermittwoch-die-deftigsten-spruece-1.300575-5(stand:29.09.2011)
[126] http://www.sueddeutsche.de/politik/franz-josef-strauss-zum-aschermittwoch-die-deftigsten-spruece-1.300575-10

Gremien bediente er sich einer aufgeputzten, mit Zitaten gespickten Akademikersprache, gewürzt mit folkloristischen Einsprengseln."[127] Seine rhetorische Flexibilität kann man populistisch einschätzen, denn er stellt sich nicht nur auf das momentane Publikum ein, indem er verschiedene Sprachebenen benutzt bzw. komplexe Themen auch für das „einfache" Volk verständlich macht und sowohl sein Wortschatz anpasst als auch möglicherweise im Dialekt der Audienz spricht, erreicht er dadurch gleichzeitig sein Publikum. Folglich herrschte Ausnahmezustand bei Strauß' Volksreden. Beim Betreten der Bühne ertönte der bayerische Defiliermarsch mit tobendem Beifall. Es kam dann fast ausschließlich vor, dass er die Redezeit, die er angemeldet hatte, überschritt. Aber er hatte trotzdem bis zum Ende stets die volle Aufmerksamkeit der Zuhörer.

Franz Josef Strauß bestimmte die Themen der Wahlkampfprogramme der CSU, da er als Wahlkampfmanager tätig war. Es wurden unter anderem die Themen Wiederaufbau und Kriegsfolgenbewältigung angesprochen, aber vor allem wusste Strauß geschickt die künftige Wirtschaftsordnung mithilfe von Plakaten und Wahlreden zu thematisieren: „Es geht um Deutschland: Christliche Freiheit oder marxistischer Zwang" oder „Zwangswirtschaft oder soziale Marktwirtschaft".[128] Die CSU bzw. Franz Josef Strauß, orientiert an der Marktwirtschaft, wählten diese als Slogan, um die SPD und die Bayernpartei zu bekämpfen: „Was erzählt Euch der Heimkehrer vom sozialistisch-kollektivistischen Staat? Bleibt deshalb eurer bayerischen Heimat treu! Wählt Christlich Soziale Union."[129] Beispielhaft waren darüber hinaus die Wahlkämpfe im 1972 und 1976. Im Bundestagswahlkampf des Jahres 1972 tat sich die Union sehr schwer, da die SPD dank ihrer Ostpolitik sehr an Beliebtheit gewonnen hat. Willy Brandt[130] erfuhr laut Erzählungen aus zeitgenössischer Perspektive eine fast religiöse Verehrung, was Franz Josef Strauß ignorierte, Brandt einen „Partisan von Norwegen"[131] nannte und diesen öffentlich verhöhnte:

> „Ich bestreite nicht gewisse Fähigkeiten an ihm, auch [nicht] die Fähigkeit der einschmeichelnden Rede, die Fähigkeit, an sich sehr primitive Formulierungen durch die Art ihrer sprachlichen Darbietung als große Weisheiten zu verkaufen. Wenn man immer etwas so im Stile eines politischen Burgschauspiels mühsam gepresst mit vielen Kunstpausen (...) von sich gibt, dann ist das für manche Leute (...) eine ungeheure Wirkung (...). Und der ganze Chor der Hofschranzen und Bewunderer um ihn herum hat dann immer zur rechten Zeit die Hand an den Mund gelegt: Pssst, der Kanzler denkt!"[132]

Die CSU arbeitete wie immer mit Plakaten und Wahlreden von Strauß, die von vielen Beobachtern als Schlammschlacht empfunden wurden. Beispielsweise stellte man ein Wahlplakat mit einer Photographie einer Deutschen Mark, die im Stile Salvador Dalis fließender Zeit im Begriff war, sich aufzulösen und zu zerlaufen, mit

[127] Leinenmann, Jürgen: Macht: Psychoprogramm von Politikern. Frankfurt am Main 1983, S.88
[128] Im Hinblick auf die gegensätzlichen Auffassungen der Unionsparteien und der SPD. Siehe: Vgl. Finger, Stefan: a.a.O., S.75
[129] Toman-Banke, Monika: Die Wahlslogans von 1949 bis 1994,in: Aus Politik und Zeitgeschichte. Beilage zur Wochenzeitung Das Parlament. B 51- 52/1994 vom 23.Dezember 1994, S.47-55, S.49
[130] Willy Brandt war Friedensnobelpreisträger, faszinierte vor allem die junge Generation
[131] Seebacher Brigitte: Willy Brandt. München, Zürich 2004, S.231
[132] o.V: Das Beste von Franz Josef Strauß. Compact Disk. München, Grünwald o.J.

dem Untertitel: „Jetzt aber CDU".[133] An Schärfe kaum zu übertreffen war der schon erwähnte Wahlkampfslogan der CDU: „Freiheit statt Sozialismus" bzw. „Freiheit oder Sozialismus", welche Strauß und Alfred Dregger ins Leben gerufen haben. Die Wendung richtete sich eindeutig gegen die Ostpolitik, Freiheit soll die demokratische Ideologie der Bundesrepublik Deutschland symbolisieren, während Sozialismus auf das politische Verständnis der DDR aufmerksam macht. Übertragen auf die Politik der CDU, die die westliche Freiheit vertritt, und die Politik der SPD, die diese Freiheit durch die neue Ostpolitik in Gefahr brachte, hatte man seitens der CDU zu umstrittenen Maßnahmen gegriffen, die sich in einem Stimmenzuwachs positiv bestätigten. Man erreichte die Aufmerksamkeit der Bevölkerung, in dem Strauß auf ein Thema kam, durch die ihm und seiner Partei eine höhere Kompetenz von der Bevölkerung zugesprochen wurde. Strauß nutzte in populistischer Manier immer wieder geschickt die Ängste der Bevölkerung vor der Sowjetunion für die eigenen Zwecke.

2.5.5 Die „Spiegel-Affäre" – Grenze des Populismus

Seit Franz Josef Strauß 1953 ins Bundeskabinett einberufen wurde, veröffentlichte „Der Spiegel" in regelmäßigen Abständen Berichte über den Bundesminister. In der Rosenmontagnacht 1957 trifft Strauß den Mann, der seine Karriere und sein Image verändern wird: Rudolf Augstein, Herausgeber von „Der Spiegel". Am Ende dieser langen Nacht, gelangt Augstein zu der Auffassung, dass er es hier mit einem grenzenlos machthungrigen, charakterlich unberechenbaren und gefährlichen Politiker zu tun hat, dessen weiteren Aufstieg es journalistisch zu verhindern gilt. Dabei hatte er zwei Monate zuvor eine entspannte Titelgeschichte über den bayerischen Verteidigungsminister gebracht.[134] Augstein, Sinnbild der rebellischen Jugend in Deutschland und der sogenannten linken Intellektuellen erklärt nun Woche für Woche Franz Josef Strauß zur Inkarnation des Bösen. Der Schriftsteller Martin Walser erzählt viele Jahre später, wie sehr ihn diese Angstmache beeinflusst habe und es ihm in der Rückschau leid tue.[135] Das Feindbild Strauß verselbständigt sich mit den Mitteln der Publizistik und bleibt nicht ohne Wirkung auf und Reaktion von Strauß. Am 26. Oktober 1962 werden in einer nächtlichen Polizeiaktion auf Anordnung der Bundesanwaltschaft die Räume der Redaktion des Nachrichtenmagazins „Der Spiegel" in Hamburg durchsucht. Mehrere leitende Redakteure werden wegen des Verdachtes des Hochverrates festgenommen. Der stellvertretende Chefredakteur und Militärexperte des Blattes, Conrad Ahlers wird ihm Urlaub verhaftet, Herausgeber Rudolf Augstein stellt sich zwei Tage später selbst der Polizei. Anlass der Polizeiaktion ist ein Artikel über das NATO-Manöver „Fallex 62", der die Kampfkraft der Bundeswehr und atomare Planungen thematisiert. Die Bundesregierung schließt sich den Verhaftungsforderungen an. Die Öffentlichkeit empfand diese Affäre als Angriff auf die Unabhängigkeit der Presse

---

[133] Vgl. Finger: a.a.O., S.350
[134] Vgl. Biermann: a.a.O., S. 116
[135] Ebd. S.117

und als Einschränkung der Presse- und Meinungsfreiheit. Franz Josef Strauß schwindelt von Anfang an, verwickelt sich immer mehr in Widersprüche, versichert immer wieder, mit der Sache nichts zu tun zu haben. Am nächsten Tag gibt er zu, die Festnahme per Telefon veranlasst zu haben. Die Forderung nach dem Rücktritt des damaligen Verteidigungsministers Strauß gerät ins Rollen, [136] es kommt zu Massenkundgebungen. Adenauer spielt nun ein Überlebensspiel. Er stellt sich vor seinen Verteidigungsminister, es treten fünf FDP-Minister zurück, nun verzichtet auch Strauß auf sein Ministeramt und ermöglicht dem Kanzler die Neubildung des Kabinetts ohne Strauß.[137] Die juristische Folge der Affäre war das Einstellen des Verfahrens gegen Augstein.

In Bayern führte Strauß gleichzeitig einen mehr als polarisierenden Wahlkampf, auf den Wahlplakaten steht „Verrat oder Sicherheit CSU" oder "Chruschtschow, Ulbricht, Wehner, Mende/ reichen sich im Geist die Hände". Seine Wahlreden werden immer härter, aufrüttelnder. Strauß erweckt den Eindruck eines Mannes der von „finsteren Mächten der deutschen Innenpolitik, unterstützt vom Osten daran gehindert wird, das Land vor dem Untergang zu bewahren. Hier ist Populismus eindeutig, er erzeugt eine große Solidaritätsbewegung in Bayern, bei den Landtagswahlen gewinnt die CSU die absolute Mehrheit im Maximilianeum. In dieser Zeit übernahm Strauß die Rolle des Retters des Vaterlandes und versuchte diese durch explizite Schwarz-Weiß-Malerei in seinen Reden populistisch zu propagieren.

Bundespolitisch gelingt Strauß ein schnelles „Comeback", er wird 1966 im Kabinett unter Kurt-Georg Kiesinger Finanzminister.

„Die Spiegel-Affäre hatte aber auch positive Aspekte. Sie deckte gefährliche Tendenzen auf, löste eine in dieser Breite und Vehemenz nach dem Zweiten Weltkrieg noch nie aufgetretenes demokratisches Engagement in der Bevölkerung aus wie es nicht für möglich gehalten worden war."[138]

---

[136] Harbecke, Ulrich: Abenteuer Bundesrepublik, Die Geschichte unseres Staates. Bergisch Gladbach. Lübbe Verlag 1983, S.100-10
[137] Biermann: a.a.O. S. 177
[138] Vgl. ebd. S.103

3. Resümee

Am 3. Oktober, dem Tag der Deutschen Einheit, stirbt F.J.S. an einem Herzinfarkt, den er auf der Jagd mit Fürst von Thurn und Taxis erlitten hat. „Der Titan ist tot, das Urgestein, der Machtmensch, Bayerns Monarch. Einer wie er wird nie mehr auf Bayerns Thron sitzen."[139] Ebenso gestaltet sich das Staatsbegräbnis: Staatskanzlei und die Familie organisieren zusammen mit den Trachtenvereinen, Gebirgsschützen und der Polizei in fieberhafter Einigkeit ein Begräbnis, das Bayern seit Königszeiten nicht mehr gesehen hat. Das Pontifikalamt im Liebfrauendom hielt der heutige Papst Benedikt XVI., der damalige Kardinal Ratzinger.

Die letzten Jahre seines Lebens hat er wie im Rausch verbracht, hetzte von Event zu Event und ist offensichtlich dennoch nicht ganz glücklich. Sich völlig ins Private zurückzuziehen, von der Politik lassen, das sein Leben, ja die „Droge"[140] war, konnte er nicht, aber das „schönste Amt der Welt" (des bayerischen Ministerpräsidenten) füllte ihn auch nicht aus. Späte Erkenntnisse im Alter sind der keimende Glaube an den Friedenswillen Moskaus in der Gestalt Gorbatschows, die Sowjetunion kauft 80 Airbusse. Strauß ahnt, dass der Versuch einer Reform des Kommunismus gleichzeitig dessen Ende in Europa sein wird. Nun sieht er doch eine Hoffnung für ein wiedervereinigtes Europa. Strauß, der eine tiefe wertkonservative abendländische Weltanschauung vertrat, diese mit einem ausgeprägten, an die jeweilige Situation angepassten Pragmatismus vertrat, ist also jenseits jeden Populismus tragischer Weise Vorbote von Entwicklungen, die nur sehr kurz nach seinem Tod eintreten werden. So hatte er selbst an den Verfassungsgrundlagen mitgefeilt, um sie später hie und da elegant zu umgehen. „Konservativ heißt, an der Spitze des Fortschritts zu marschieren"[141] brachte er seine Politik auf eine griffige Phrase.

Ein Geheimnis wird erst nach seinem Tod offenbar, nämlich die Aussöhnung, ja freundschaftliche Annäherung an seinen Erzfeind Rudolf Augstein. Jahrzehnte nach der Spiegelaffäre, die für beide lebens- und karriereentscheidend wurde, treffen sich die alten Herren genüsslich bei einer Flasche guten Wein um ihr Gespräch der Nacht des Jahres 1957 fortzusetzen.

Inzwischen wissen beide was sie aneinander hatten. Augstein hatte mit seinem Spiegel den Dämon Strauß geschaffen, die Auflage seines Blattes emporschwellen lassen und ist selbst zum Verteidiger der Demokratie und der freien Meinungsäußerung geworden. Bei Strauß löste sein bereits vorhandener Verfolgungskomplex durch die linke Presse durchaus populistische Züge aus, was seinen Umgang mit den Medien, in seinen unverblümten Reden und respektlosen Umgang mit politischen Gegnern in der öffentlichen Wahrnehmung keinen Abbruch tat. Auch er bedachte das Magazin „Der Spiegel" mit übelsten

---

[139] Vgl. Biermann: a.a.O., S. 318
[140] Ebd. S.315
[141] Ebd. S.137

Verunglimpfungen.[142] Hinter verschlossenen Türen agierte er oft ganz anders, ließ die Vernunft spielen. Die jahrelange Pressekampagne gegen ihn hatte ihn auch berühmt gemacht, zum Mythos werden lassen, er hatte zurücktreten müssen, aber war auch wieder auferstanden, er war an der Kanzlerkandidatur gescheitert und blieb doch kein Provinzpolitiker, sondern einer der wichtigsten Politiker Deutschlands dieser Zeit, ob in Paris und Washington, Peking oder Moskau, Kapstadt oder Santiago de Chile.[143] Gegen ihn wurde protestiert und er wurde gleichzeitig wie ein Heiliger verehrt. Ähnlich wie Willy Brandt gelang es ihm die Menschen zu berühren und Zuversicht zu erwecken. Augstein gesteht sich nach dem Tode Strauß ein: „Der Strauß hatte etwas, das sehr selten ist in der Politik, er hatte Gemüt."[144] Was also die Erlangung seiner politischen Ziele betrifft, die Erlangung der Souveränität und des Wirtschaftsaufschwungs der BRD, die Zurückdrängung des Kommunismus und die europäische Einigung, so hatte er an diesen Entwicklungen einen großen Anteil aufgrund seines unglaublichen Wissens und seines Vermögen, sich in komplizierteste Materien einzuarbeiten: Soweit also der politologische Ansatz der Betrachtung des Phänomens Populismus. Unter Franz Josef Strauß entwickelte sich die CSU zur bayerischen Staatspartei, der Freistaat vom ärmlichen Agrarland zum modernen Bundesland zwischen „Laptop und Lederhose". Alle christlichen, konservativen, liberalen, nationalen und antisozialistischen Kräfte fanden sich in seiner Politik wieder und waren ihm nie einfach Etikett zum Stimmenfang sondern ureigener Überzeugung.

Der biographische Ansatz, dem in dieser Arbeit nachgegangen wurde, betrifft schon eher populistische Erscheinungsformen. Auf dem Weg „ein gewisser Begriff"[145] zu werden bediente sich FJS auch populistischer Mittel ganz bewusst, wenn Wahlen anstanden oder er sich publizistisch verfolgt sah – und wenn es galt politische Gegner empfindlich zu treffen. Dabei ging sein Temperament manchmal mit ihm durch und hinderte mehr bei der Durchsetzung seiner Ziele. Sein Charisma und sein zugleich polarisierende und auch provozierende Art verhinderte letztendlich die Erlangung des höchsten politischen Amtes, des Bundeskanzlers. In Bayern liebte man ihn dafür. Populistische Züge hatte sicherlich auch sein eher „eleganter" Umgang mit den Gesetzen, eine Tatsache, die seine Kinder noch Jahrzehnte nach seinem Tod schwer belasten sollte.

Strauß ist einerseits zu früh gestorben, um die Früchte seiner europapolitischen Perspektiven in der Entstehung zu erleben, andererseits rechtzeitig verstorben, um die Ermittlungen im Umkreis seines Machtzentrums in Sachen Steuerhinterziehungen, Veruntreuung von Geldern und Parteispenden nicht mehr erleben zu müssen.[146] So konnte zwar bis zum heutigen Tag ein System Strauß von schwarzen Kassen und hinterzogenen Steuern in einem Dickicht bayerischen „Amigowesens", internationaler politischer bei gleichzeitiger wirtschaftlicher

---

[142] Ebd. S.309
[143] Ebd. S.310
[144] Ebd. S.309
[145] Vgl. hierzu 1.1 auf S.3
[146] Vgl. Vgl. Biermann: a.a.O., S.328 und siehe auch Schlötterer, Wilhelm: a.a.O. , S.161

Geheimdiplomatie nicht eindeutig ans Licht geführt werden. Doch vor allem sein Sohn Max Strauß zerbrach an den jahrelangen Ermittlungen und das Denkmal Franz Josef Strauß verlor in den 1990er und 2000er Jahren ein wenig an Glanz.

Franz Josef Strauß in all seinen Facetten einen Populisten zu bezeichnen ist falsch, man kann allenfalls nur in Teilbereichen seines Charakters und seiner Medienpräsenz solch ein Phänomen feststellen und dann nur unter den beschriebenen Bedingungen. Sein Populismus erfährt aber bis zum heutigen Tag eine tiefe Nachwirkung.

Frägt man heute an bayerischen Stammtischen nach Franz Josef Strauß, so bekommt man auch heute noch das höchste Lob eines Bayern über einen anderen Bayern zu hören:

„A Hund war a scho."

Literaturverzeichnis:

Aktuna, Orkuni: Über den Rechtspopulismus in Österreich und Italien, eine kritische Analyse. GRIN Verlag; Norderstedt 2008

Bell, Wolf J.: CSU-Chef fühlt sich als Mahner und Warner bestätigt, in: General-Anzeiger vom 11.02.1976; Möller, Horst: Franz Josef Strauß. 1915-1988,in: Gall, Lothar (Hg.): Die großen Deutschen unserer Epoche. Frankfurt am Main, Berlin 1995

Biermann, Werner: Strauß, Aufstieg und Fall einer Familie. Rowohlt Verlag. Hamburg 2008

Burger, Hannes: Gut gebrüllt, Franz Josef Strauß. München 1989

CDU/CSU-Bundestagsfraktion: 310. Fraktionssitzung vom 13.Mai 1952, in: Heidemeyer, Helge : Die CDU/CSU-Fraktion im Deutschen Bundestag. Sitzungsprotokolle 1949-53. Düsseldorf 1998

Dalberg, Thomas: Franz Josef Strauß. Portrait eines Politikers. Gütersloh 1968

Das Beste von Franz Josef Strauß. Compact Disk. München, Grünwald o.J.

Gaus, Günther: Zu Protokoll. Interview mit FJS. Sendedatum: 08.09.1968, Südwestrundfunk.

Harbecke, Ulrich: Abenteuer Bundesrepublik, Die Geschichte unseres Staates. Bergisch Gladbach. Lübbe Verlag 1983

Henzler,Christoph: Fritz Schäfer 1945-1967. Eine biographische Studie zum ersten bayerischen Nachkriegs-Ministerpräsidenten und erste Finanzminister der Bundesrepublik Deutschland. München 1994

Kaltefleiter, Werner: Zwischen Konsens und Krise. Eine Analyse der Bundestagswahl 1972. Köln, Berlin, Bonn, München 1973

Kleinemann, Hans-Otto: Geschichte der CDU 1945-1982. Stuttgart 1993

Krieger, Wolfgang: Franz Josef Strauß. Der barocke Demokrat aus Bayern. Göttingen, Zürich 1995

Leicht, Robert: Geliebter Katzenjammer. Von Toll Collect bis zur Praxisgebühr: Pechsträhnen sind unsere Lust, in: Die Zeit vom 19.02.2004

Leinenmann, Jürgen: Macht: Psychoprogramm von Politikern. Frankfurt am Main, 1983

Mechtersheimer, Alfred: Bestechende Beschaffungskonzepte. HS 30, Starfighter und so weiter, in: Hafner, Georg; Jacoby, Edmund (Hg.): Die Skandale der Republik. Hamburg 1990
Rust, Josef: Streifzug mit Hans Globke durch gemeinsame Bonner Jahre, in: Gotto, Klaus (Hg.): Der Staatssekretär Adenauers. Persönlichkeit und politisches Wirken Hans Globkes. Stuttgart 1980

Noelle-Neumann, Elisabeth: Öffentliche Meinung in der Bundestagswahl 1980. Opladen 1983

Schlötterer, Wilhelm: Macht und Missbrauch, Von Strauß bis Seehofer, Heyne Verlag, München 2009

Schmückle Gerd: Ohne Pauken und Trompeten. Erinnerungen an Krieg und Frieden.

Seebacher Brigitte: Willy Brandt. München, Zürich 2000

Siebenmorgen, Peter: Franz Josef Strauß (1915-1988),in: Oppelland, Torsten (Hg.): Deutsche Politiker 1949-1969.Band 2: 16 biographische Skizzen aus Ost und West. Darmstadt 1999, S.120-131

Stefan Finger: Franz Josef Strauß, ein politisches Leben München: Olzog, 2005

Strauß, Franz Josef: Die Erinnerungen. Berlin: Siedler, 1989

Strauß, Franz Josef: Entwurf für Europa. Stuttgart-Degerloch 1966

Strauß, Franz Josef: Rede des Kanzlerkandidaten der CDU/CSU, in: Christlich Demokratische Union Deutschlands (Hg.): 28. CDU-Bundesparteitag. Berlin, 19-20.Mai 1980. Niederschrift. Bonn 1980

Strauß, Franz Josef: Vorträge und Aufsätze, September 1985, Heft 4. Tutzing 1985

Stücklen, Richard: Mit Humor und Augenmaß. Geschichten, Anekdoten und eine Enthüllung. 2.Auflage, Forchheim 2001. Stuttgart 1982

Toman-Banke, Monika: Die Wahlslogans von 1949 bis 1994,in: Aus Politik und Zeitgeschichte. Beilage zur Wochenzeitung Das Parlament. B 51- 52/1994 vom 23.Dezember 1994

Voss, Friedrich: Den Kanzler im Visier. 20 Jahre mit Franz Josef Strauß. Mainz, München 2000

Wienand, Peter: Wirbelauer, Michael (Hg.): Lachen links, Heiterkeit rechts. Vergnügliches aus dem Bundestag. Düsseldorf 1974

Wolf, Konstanze: CSU und Bayernpartei. Ein besonders Konkurrenzverhältnis, 1948- 1960. Köln 1982

Quellenverzeichnis:

http://www.fjs.de/der-politiker/bundestagsabgeordneter.html (Stand 10.09.2011)
http://www.spiegel.de/lexikon/65406812.html (Stand: 10.09.2011)

http://www.fjs.de/dokumente/parteipolitiker/Bayernkurier-Strauss.pdf004(Stand: 23.10.2011)

http://www.fjs.de/dokumente/parteipolitiker/Bayernkurier-Strauss.pdf (Stand: 23.10.2011)

http://www.sueddeutsche.de/medien/csu-debatte-um-parteizeitung-bye-bye-bayernkurier-1.1003362 (Stand: 1.10.2011)

http://www.spiegel.de/spiegel/print/d-43787187.html (Stand: 22.10.2011)

http://www.sueddeutsche.de/politik/franz-josef-strauss-zum-aschermittwoch-die-deftigsten-sprueche-1.300575-4 (Stand: 29.09.2011)

http://www.sueddeutsche.de/politik/franz-josef-strauss-zum-aschermittwoch-die-deftigsten-sprueche-1.300575-5 (Stand: 29.09.2011)

http://www.sueddeutsche.de/politik/franz-josef-strauss-zum-aschermittwoch-die-deftigsten-sprueche-1.300575-10 (Stand: 30.09.2011)

http://www.spiegel.de/spiegel/print/d-43787187.html (Stand: 22.10.2011)

http://www.youtube.com/watch?v=sjDlwE61s1k&feature=related (Stand: 22.10.2011)
http://www.youtube.com/watch?v=YLlSP1FzyuA(Stand: 22.10.2011)

Abbildungsverzeichnis:

Hanitzsch, Dieter: ICH, Franz Josef, „ein gewisser Begriff" : Süddeutscher Verlag, München 1978